“一週間サイフ”で

楽々お金が貯まる

家計再生コンサルタント
横山光昭

Tips and Tricks for Making and Saving Money

プレジデント社

STEP 1

「食費専用」のサイフを一つ、用意してください。

いつものサイフとは別に「食費専用」のサイフを用意します。

ゆくゆくはメインのサイフとして使いますが、間に合わせのサイフでもかまいません。

食費を２分類しますので、２つ以上の入れ口があったほうが便利です。

STEP 2

サイフに「食費」のレシートを入れていってください。

米代など月に1度大きな支払いとなるものや長期保存できる定期購入物は別の入れ口に。

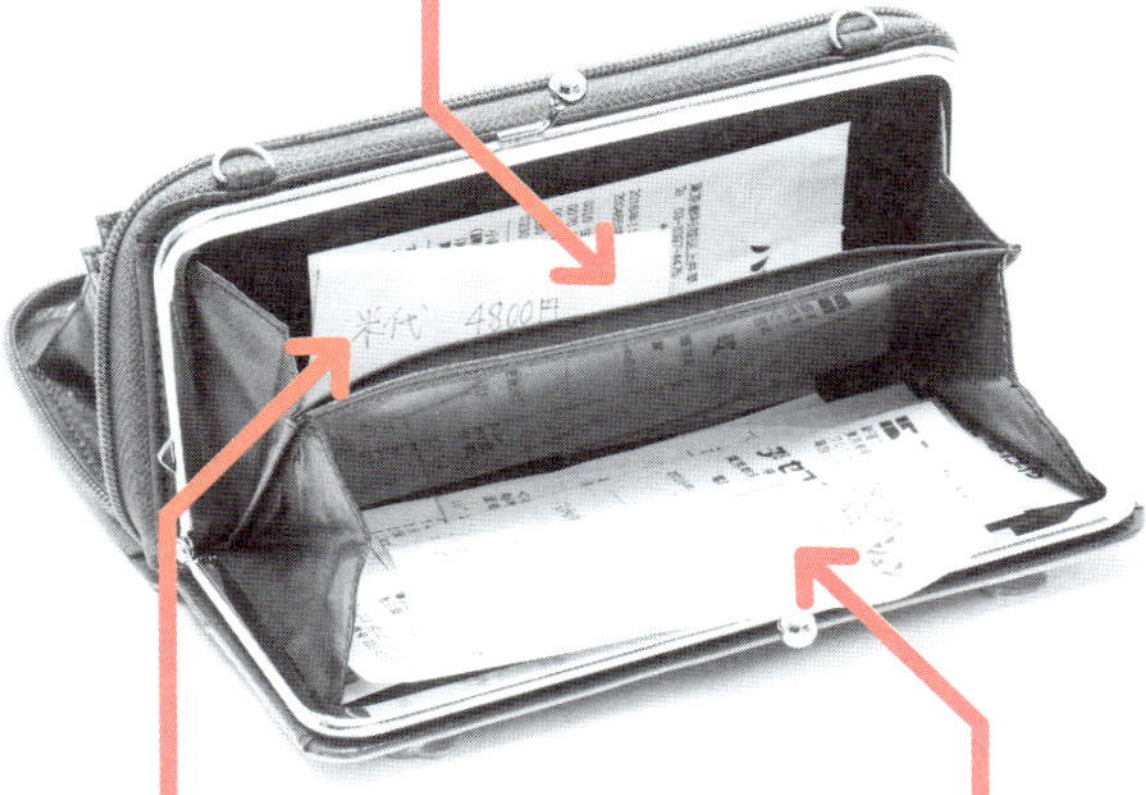

レシートがない場合は、代わりにメモ書きを入れておきます。

家族で話し合い「食費」と定義づけた分のレシートを入れていきます。

２割節約となる現金を入れます。

できればクレジットカードやネットショッピング、宅配サービスは利用せず、現金主義の習慣を。

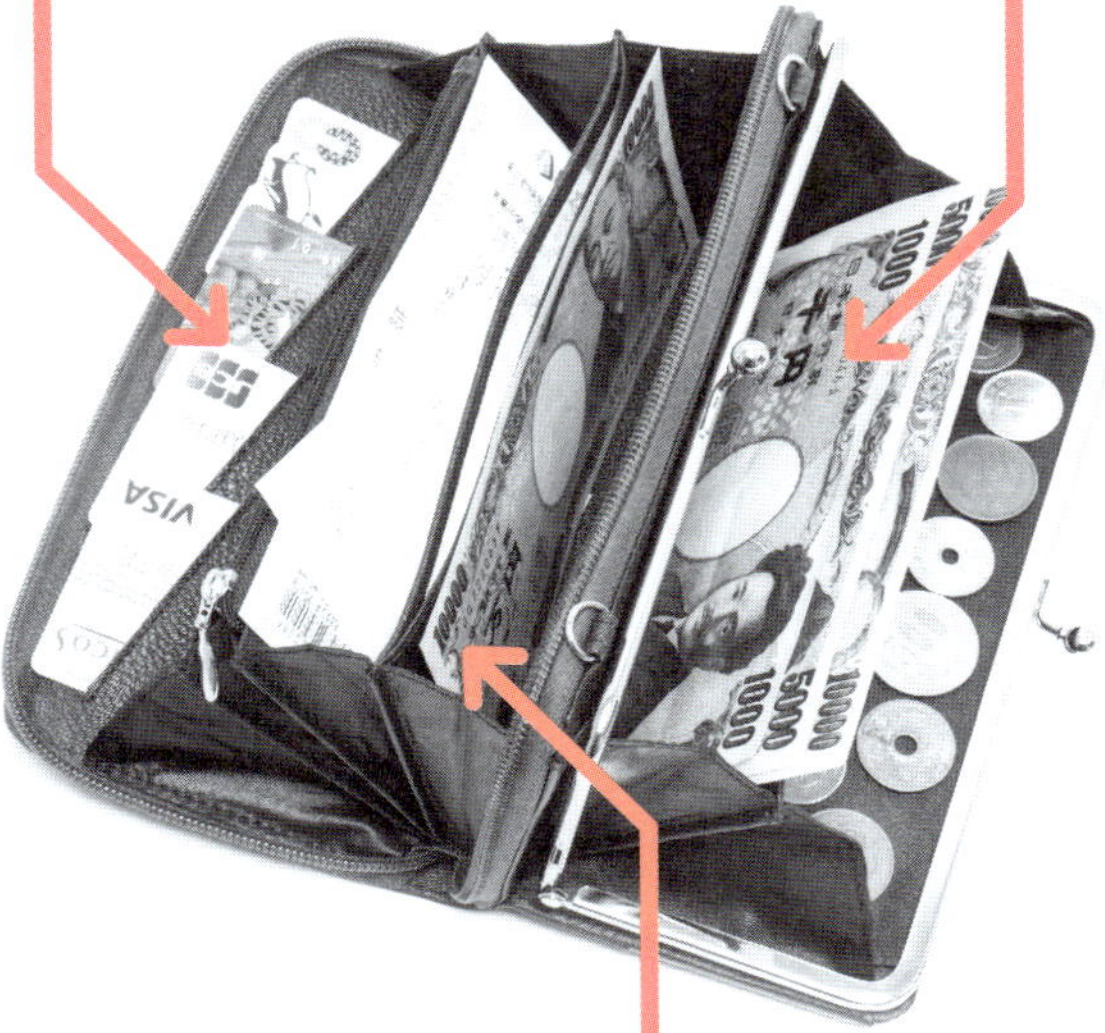

米代など月に1度、大きな支払いとなるものを購入する現金は別の入れ口に。予備のお金もここへ。

STEP 4

食費を減らす工夫を考えてみましょう。

STEP 5

実際に食費を減らして家計が改善した例があります。

STEP 6

〝一週間サイフ〟を実践できたら家計全体を見直します。

STEP 7

もっとお金を貯めたいなら、覚えておきたい〝カンドコロ〟があります。

CASE STUDY

お金に困っていたのに「貯金生活」ができるようになった七つの実践例です。

おわりに

食費を制する者は、家計を制す。

186

STEP 1

「食費専用」のサイフを一つ、用意してください。

サイフには何を入れていますか？

多くの人は、お金を持ち歩く際にサイフを利用しています。その中身はといえば、紙幣や硬貨などの現金をはじめ、クレジットカードやキャッシュカード、電子マネーなどのカード類、さらにはレシートや請求書を入れている人もいるかもしれませんね。そのサイフから、食費や生活日用品代、交通費などを日々支払い、キャッシュカードそのものではないけれども、銀行引き落としで水道・光熱費や住宅費、保険料などを支払い、はたまた給料が入ったらキャッシュカードで現金をおろし――。

つまり、**サイフは家計そのもの**です。ただ困ったことに、どれだけのお金が、どんな用途でサイフを行き来したかは、手元のサイフを見るだけではわかりません。だから「家計簿」をつけて、家計を把握することが有効なわけです。家計簿をつければ、わが家の家計が赤字なのか黒字なのか。そして無駄遣いの要因や節約ポイントも見えてきます。

家計簿いらず、サイフで楽々管理

「でも、家計簿をつけるのは面倒で」――、そんな想いを抱く人も多いでしょう。実際に三日坊主で終わった経験を持つ人もいるはず。それとともに、せっかくの「家計を見直したい」「貯金ができる家計にしたい」という決意もゼロに戻しては、なんとも、もったいない話です。

では、そのせっかくの決意を少しでも実行に移すことができる、有効な手立てはないものでしょうか。

そこで、提案したいのが**家計簿をつけずにサイフで家計を管理**する方法です。ただし、いきなり家計すべてを見直すという考えはいったん棚上げしてください。ある特定費目に限って節約習慣をつけ、軌道にのったら、家計全体にそれを波及させます。

サイフに入れたお金で一週間をやりくり

サイフでお金を管理するのに向いていて、家計に与えるインパクトが大きく、その節約習慣によってほかの費目にも応用できる目を養うことができる、ある特定の費目とは——「食費」です。

そして本来、家計は一カ月単位で管理するのが基本なのですが、お金のやりくりを都度、計算しやすくするために週単位で管理していきます。

具体的には、一週間分の食費となる現金をサイフに入れて、その範囲内で一週間の食費をやりくりしていくのです。たった、それだけ。簡単ですよね。今後は、その意識付けのために、このサイフを**〝一週間サイフ〟**と呼びましょう。

〝一週間サイフ〟を作る準備をします。

私は家計再生コンサルタント、ＦＰ（ファイナンシャル・プランナー）として、一万人以上の方々から「家計を改善したい」という相談を受けてきました。

「少ない収入の中で、どうやりくりすればいいのか」「収入は多いのに毎月大赤字。原因がわからない」「将来へ向け、子供の教育資金や自分たちの老後が心配」「クレジットカードのリボ払いに頼っていたら、借金生活から抜け出せなくなった」など、その内容は千差万別で一様ではありません。

したがって、その解決策や私ができるアドバイスもケースバイケースとならざるを得ないのが実情です。

ただし、家計再生・改善の第一歩として、なにより**大切となることが現状把握。**

・

つまり、現時点での収支状況をあらわにすることです。次に大切なのが、それをもとに予算計画を立てること。そして、それを実行すること。いずれにせよ、先に述べたように、家計簿をつけることが最も有効な手段となります。

予算オーバーをしっかり防ぐ

しかし、家計簿を継続できない、記録したりしなかったりで不正確になってしまうというケースは少なくありません。また、たとえ家計簿をきちんとつけることができたとしても、ついつい予算オーバーしてしまうといった状態では、家計簿をつける効果も半減してしまいます。

そんな場合にも、**確実に実行するための一つの手段**として〝一週間サイフ〟を提案しています。

〝一週間サイフ〟で、家計におけるどのような費目を管理するかは、じつは、これもケースバイケースです。現金で支払うものはすべて〝一週間サイフ〟で管理するという方法もあれば、一週間単位での管理を比較的行いやすい食費と生活日用品代に限定する方法、さらには、食費のみを対象とする方法などがあります。

いつものサイフとは別のサイフを用意

今回は、最もシンプルな食費だけを管理することから始めますので、ふだん使っているサイフのほかに**「食費専用」のサイフ**を用意してください。

もし、入れ口がいくつもあるサイフを使っている場合は、必ずしも新たなサイフを用意する必要はありません。要は、「食費」として使うお金と、「それ以外」に使うお金を明確に、物理的に分けられればいいのです。ただ、ここでは概念を単純化するため、「食費専用」のサイフを用いることを前提に話をします。

なお、一三五ページに、家計用のサイフとして一つにまとめた例を紹介しています。これを参考に次の段階をイメージしておいてください。

「まずは食費から」を実践してみましょう。

家計相談にいらっしゃる方々の多くが支出を減らしたいと思っている費目は「食費」です。実際に話をうかがってみると、ほかの費目を削ることのほうが最優先というケースもあります。

一方で、**食費は生き方のうまさ、へたさを映す鏡**のようだと思わされることも、しばしばあります。

一〇〇%そうである、とまでは言えませんが、融通が利くか利かないか、**お金が貯まるか貯まらないかは、食費を見るとわかる**ことが多いのです。

たとえば、食費をうまくやりくりできる家計では、「携帯電話は格安ＳＩＭでも、わが家は困らないね」「急いでマイホームを買わなくても、子供たちが巣立った後、退職後に住みたい場所を選べばいいか」などと、ほかの費目でもうまく融通をつけたり、無理をせず現実的な対応ができたりするのです。

食費の節約を通して管理能力と実行力を身につける

中には、こんな人もいます。

全体に支出が多く貯蓄ができない家計なのに、食費と生活日用品代だけはうまくやりくりして、さほどコストをかけていない。こうした家計では、家計全体の改善も短期間でうまくいきます。なぜなら、コントロール能力、マネジメント能力が基本的に高いから。しかも実行力も備わっているから。

だから、ほかの費目の削減ポイントを提案するだけで、**すんなりと、貯蓄体質の家計に様変わり**するというわけです。

本書を手にされた方々は、「家計の現状を改善したい」「しっかりとお金を貯めていきたい」と考えていらっしゃる方々がほとんどでしょう。

ですから、すでに食費をかなり切り詰めていらっしゃる方がいても不思議ではありません。その場合、ＳＴＥＰ１～５までは参考程度に一読していただき、ＳＴＥＰ６以降にも目を通していただくことで、さらなる改善のヒントをほんの少しでも提案できればと願っています。

月に数万円ずつ貯金にまわせれば未来も変わる

一方、「なんとなく食費が多いような気がする」「ぜいたくしているつもりがないのに食費がかかる」「家計簿をつけるのは面倒でイヤ」「何度も支出を減らそうと頑張ったけれどもできなかった」「とにかく貯金したい」などといった方々は、まずは、〝一週間サイフ〟で**食費に絞った形での家計のコントロール**にチャレンジしてみてください。

実際の相談者の中には、月に十数万円もかかっていた食費が半分以下まで落ちたという例が、ごく普通にあるんです。それを貯蓄にまわせれば、将来へ向けてのマネープランも大きく違ってくることでしょう。

我慢をするのではなく、楽しむ形で

ふしぎなもので、実際に食費が下がった方々の声に耳を傾けてみると「どうして昔はあんなにお金をかけていたんだろう」と人ごとのように口にします。つまり、節約というと「我慢をする」「辛抱をする」といった負のイメージがあるかもしれませんが、いったん食費を下げた生活に慣れてしまえば、そんなイメージは払しょくされてしまうわけです。

また、多くの相談者が〝一週間サイフ〟を**ゲーム感覚で取り組み、楽しんで**います。「いかに、サイフに入った目の前の現金をうまく使い切るか」——そんな考え方が、成功へのモチベーションの一つとなるのだそうです。

家計簿が三日坊主で終わった人も、これならできそうではありませんか？

動き出せない人、つまり実行に移せない人は、お金が貯まりません。

あたり前と言えばあたり前ですが、節約にしろ、貯金にしろ、いざ始めようとすると、「何かたいへんそう」「面倒くさそう」「今の生活のリズムを変えたくないな……」などと、つい億劫になって実行に移せないという人もいるでしょう。その気持ちはよくわかります。ある種、人間の本質ですよね。

でも〝一週間サイフ〟でやりくりする方法なら、一週間分のレシートをためて集計し、そこから二割減の予算を立て、サイフに現金を入れて新たな一週間を過ごせばいいだけです。

これならできそうではありませんか？

STEP 2

サイフに「食費」のレシートを入れていってください。

「食費」とは何か――ルールを作ります。

〝一週間サイフ〟を活用して食費を管理する方法なら、家計簿をつけずに実践することが可能です。とはいえ、予算を立てるためには現状把握が欠かせません。

では家計簿をつけずに、家計の現状を把握するにはどうしたらいいでしょうか？

世の中には便利なものがあります。そう、買い物をするともらえるアレ――、**レシートを活用しましょう。**

まずは、いつも使っているサイフにいつものようにお金を入れておき、食費専用サイフには何も入れません。

これまで通りの食生活を送ってください。

ただし、食費にかかわるお金をいつものサイフから支払ったら、レシートを食費専用サイフに入れていきます。レシートをもらえなかった場合は、メモ書きなどを入れておくといいでしょう。

能動的に動き始めるだけでも効果あり

そして、たまったレシートを集計することで、これまで一体、どれくらいの食費を使っていたのかを把握しようというわけです。

家計全体を費目ごとに分類して、まとめて集計しようとすると大変ですが、食費だけなら、さほどの手間ではありません。

この現状把握ための行動は、「能動的に動く」というプラスの効果をもたらします。〝たったこれだけ〟でも、お金を貯めたい人にとっては、大きな意味があるのです。

ただ、ここで一つ大きな問題があります。**「食費」とは何か**——という定義づけです。

一般的な家計マネジメントでは自炊とそれ以外を切り分ける

一般的な家計再生のプロセスにおいては、**自炊分を食費**とし、外食分やお酒の付き合いを食事代わりにした場合や、会社の昼食にコンビニ弁当を購入して食べた分などは、別の費目に振り分けます。

各家庭の事情にもよりますが、たとえば、交際費にしたり、小遣いの中から出す形にしたり。

なぜなら、自炊分とそれ以外を明確に切り分けたいから。そして、その振り分けた費目の予算をしっかり立てることにより、自炊以外の食にかかわる無駄遣いを抑制する狙いがあります。

ただし、これは家族のほとんどが、少なくとも朝食と夕食は家で食べる習慣があるケース――、つまり「自炊派」や「ほぼ自炊派」の場合の基本的な考え方です。

家庭の実情に合わせて「何を食費とするか」話し合う

一方、〝一週間サイフ〟を活用する手始めの段階では、「食費」以外の費目についてはとりあえず管理外とするわけです。

そうなると、たとえば夫婦共働きで、昼食も夕食もそれぞれが勝手に外食したり、コンビニなどを利用したりする機会が多いケースではどうでしょうか。自炊分だけを食費と定義してしまうと、抜け穴だらけになってしまう可能性があります。

そこで、**「何を食費とするか」は各ご家庭で話し合ってください**。

先々の家計全体を管理する話にもつながる重要なことです。「食」にかかわる支出内容をできるだけ洗い出し、何を家計（食費、娯楽費、交際費など）から出すか、何を各人の小遣いから出すかなどを決めておくといいでしょう。

暫定的に、「外食費や、本来は小遣い分に含めたい仕事先での昼食代や夕食代まで食費に含める」などと範囲を広くとっておき、家計全体を管理する段階になったら、改めてほかの費目に振り分けるという方法もあります。

米代は別カウントとします。

〝一週間サイフ〟には、一週間分の食費となるお金を入れてやりくりするわけですが、たまたまある週に、約一カ月分の米を買ったらどうなるでしょうか。

予算としてサイフに入れておいたお金が一気になくなり、残りの日数をやりくりするお金がほとんどない、といった状況にも陥りかねません。

そこで、月に一回程度の頻度で買う物で、一カ月程度は使い続けるような米やミネラルウォーターなどは、同じ食費でも、日々の食費とは別に予算を立てたほうが管理しやすくなります。

米やそれに類する買い物をしたらレシートを、日々の食費のレシートとは別の入れ口に入れて区分けしておきましょう。

クレジットカードを使っても発生主義で考えます。

節約の**大原則はクレジットカードを使わずに、現金払い**に徹することです。とくに食費でクレジットカードを利用することはお勧めできません。その辺の事情は次のSTEPで紹介します。

とはいえ、現時点でのお金のやりくり事情からクレジットカードを使わざるを得ない人や、どうしても電子マネーを使いたいという人もいるでしょう。

その場合も、購入した時点（支払い手続きをした時点）でレシートや利用明細などをサイフに入れるようにします。いわゆる「**発生主義**」です。

一カ月分をまとめた精算金額やチャージ時の金額で考えようとすると、〝一週間サイフ〟を活用しきれなくなりますので注意してください。

一週間経ったら集計します。

一週間分のレシートがサイフにたまったら、集計します。日々の食費分と、一カ月に一回程度の頻度で購入する米などの分は、分けて集計してください。

いかがでしょうか。

「思ったより使っていない」「今週は忙しかったから外食費や総菜代がけっこうな支出になった」など、わが家の食に関する大まかな**消費傾向が見える**はずです。

また、レシートを見返せば、「これとこれを削れば一万円は節約できそう」など、節約ポイントの発見にもつながります。「同じお金を使うなら、あの店で食事をするよりも、近所の鮮魚店で刺身を買ったほうが、まだ安上がりで全然おいしい」などと分析できれば、もはや節約の達人クラスに足を踏み入れていることになります。

四週間続けます。

食にかかわる支払いをしたときのレシートを集め、一週間たったら集計するという作業は、四週間続けてください。**出費の波を平準化した実績値を得る**狙いがあるからです。

理想をいえば、最低でも三カ月分の支出実績から、一週間当たりの平均値を得たいところです。しかし、せっかく無駄な分の食費を減らしたいと考えているのに、三カ月もの間、従来通りの生活を続けて無駄遣いをさらに増やすのは得策ではありません。

四週間分、つまり約一カ月分の実績をベースに〝一週間サイフ〟生活を始めれば、あとは微調整で対応できるはずです。

一週間当たりの平均額を算出します。

四週間分の食にかかわる支出を集計したら、一週間当たりの平均支出をはじき出します。これももちろん、日々の食費分と、一カ月に一回程度の頻度で購入する米などの分は、分けて計算します。

ここで算出された支出実績値が、〝一週間サイフ〟にお金を入れる際の予算額を計算するうえでのベースになるわけです。

それでは次に、実際に予算額を〝一週間サイフ〟に入れ、それで食費のやりくりをしていきましょう。

STEP 3

サイフに一週間分の食費となるお金を入れます。

実績から二割引いた八割を予算とします。

四週間分の食費のレシートを集計し、一週間分の平均を出したら、今度は一週間分の予算を立てます。まずは、米代などまとめて大きなお金を支払う分を除いた、日常的な出費となる食費の予算から。

もし、四週間の実績合計金額が一〇万円を超えているようなら、五割減を目指してもいいかもしれませんし、四万円程度なら、大きく減らすのは難しいでしょう。

もっと減らせそうなら、さらに二割減の予算で

そこで「目安がわからない」「見当がつかない」という人で、「ちょっと食費が多いな」と自覚がある家計なら、**「実際に使っている金額の二割減を目指す」**ことを第一ステップとしてみましょう。

一週間で二万円だった家計なら、〝一週間サイフ〟に一万六〇〇〇円を入れます。三カ月ほど経って、まだ減らせそうだと思えば、さらに二割減を目指し、週予算を一万三〇〇〇円ほどにします。

支払い手段は現金のみで

予算額が決まったら、その金額の現金を〝一週間サイフ〟に入れます。

ここで、ぜひとも守ってほしいルールが一つあります。少なくとも節約習慣がしっかりと身につくまでは、**食費についてはこの現金のみから支出**してください。

つまり、クレジットカードや電子マネーの使用、インターネットや宅配サービスの利用などは控えていただきたいのです。

家計簿がいらないのは「見える化」を実現できるから

なぜなら〝一週間サイフ〟の最大のポイントは、サイフに残っている現金を見れば、瞬時に週予算の残額を確認できる点にあるから。いわゆる**「見える化」**ですね。

そして、それを見て「残り三日間をどうやりくりしよう」などと、予算内に収めるための行動がとりやすくなるわけです。家計簿をつけなくても食費をうまく管理できる秘密は、まさにここにあります。

したがって、現金以外の支払い手段を使ってしまうと、「計算しやすい」「見通しを立てやすい」という〝一週間サイフ〟の良さが失われかねません。

"一カ月サイフ"は難しい

また、**「なぜ一カ月ではなく、一週間なのか」**という問いに対する答えもここにあります。たとえば、一カ月分の食費として六万円の現金を入れ、最初の数日に少々ぜいたくをしてしまったとき、「あと二十数日をどうやりくりしよう」と考えても、なかなか実践・管理するのが難しくなってしまうわけです。

ふだんの食費を見直すだけでも家計改善効果は大きい

さて、「捕らぬ狸の皮算用」とならなければ、という前提ですが、もし食費に週二万円かかっていた家計が週一万六〇〇〇円まで減額できると、当初と比べ月に一万六〇〇〇円以上のお金を余らせることができるようになり、さらに、週一万三〇〇〇円を実現できれば月に三万円近くもお金が余ります。日々の食費だけでの成果ですから、これは大きいですよね。

もともと月間の**収支がトントンだった家計なら全額貯蓄へ**まわせますし、赤字家計であったとしても、収支改善に大きく寄与することでしょう。

使い切りの考えが功を奏すことも

〝一週間サイフ〟を実践するうえで、「二割もの節約ができる」「食費の二割を貯金にまわせる」と考えるのも一つの方法ですが、「二割減らした予算額を使い切る」「購入した食材はすべて使い切る」といった考え方も有効です。実際に、成功者の声を聞いてみると、何事も〝使い切る〟ことで気分がすっきりするそうです。

そうかと思えば、中には予算を使い切らず「必ず毎週一〇〇〇円を残してヘソクリにする」ことに喜びを見出している方もいらっしゃいます。「使い切る」にせよ「残す」にせよ、達成感を得られるかどうかは、大きなポイントの一つとなりそうです。

米代は別のスペースに入れておきます。

ＳＴＥＰ２の食にかかわるレシートをサイフに入れていく際、月に一回程度の頻度で買う物で、一カ月程度は使い続けるような米やミネラルウォーターなどは、同じ食費でも、日々の食費とは別に分けました。

この分については、リストにして書き出してみてください。日々の食費とは違い、「とにかく二割減」といった形で予算を立てるのは難しいかもしれません。せいぜい、米の銘柄を見直す余地はあるかどうか、といった程度でしょうか。

まずは節約できそうな分だけでも洗い出し、現実に即した形で予算を立てます。

予算を立てたら、日々の食費となる現金がある入れ口とは別の入れ口に、一カ月分の現金を入れておきます。

クレジットカードは使わず現金主義とします。

〝一週間サイフ〟は現金主義だからこそ、そのメリットを存分に享受できることは、すでに申し上げた通りです。

これに対し、「クレジットカードや電子マネーを使えばポイントが貯まるのに」と異を唱えたい人もいるでしょう。たしかにポイント活用は、現代人にとって大切な生活の知恵といえるかもしれません。

ポイント獲得より食費の抑制を優先

また、「カードで支払いをしたとしても、食費専用サイフからその分の現金を引き抜けば、同じように管理できるはず」との見方もあるでしょう。

しかし、その手間が意外と煩雑に感じるようになり、結局は実践できなくなるリスクがあります。ただでさえ、これまでより少ないお金で食費を賄おうと工夫するために、頭を使ったり、面倒や手間が増えたりしているはずです。お金を出し入れするシステムは、できるだけシンプルにすることを優先したほうが、無理がありません。

カードの利便性が招く無駄遣いとの決別

それに、たとえば便利な電子マネーで買い物をしたいからといって、割高な店で買い物をしたり、食事をしてしまったりしていることはないでしょうか。

あるいは、クレジットカードでの支払いに慣れてしまうと、「予算」を超えても「限度額」まではいくらでも使えるという感覚に陥りがちです。

そんな消費の仕方を見直すきっかけにもしたいものです。

週の途中でサイフの中身を確認してみましょう。

〝一週間サイフ〟は、サイフをあけて残っているお金を確認すれば、そのまま予算残額がわかる点が大きなメリットです。サイフの残額と残り日数を考えてやりくりすれば、ほとんどは、うまく予算内で食費を収めることができるでしょう。

しかし、不意の出費が続き、五日目や六日目にはお金が底をついたとなったら、どうすればいいでしょうか。

そんなときのために「予備のお金」として数千円を、サイフの米代のスペースなどに入れておく手があります。ただしそのお金は、あくまで翌週分の食費であると考えることが重要です。したがって、**翌週はその補てんした金額を差し引いた予算でやりくりすることを忘れないでください。**通常通りの予算でやっては、元の木阿弥。結局、なし崩し的に元通りの食費が出ていくことになってしまいます。

一週間経ったらリセットします。

さて、〝一週間サイフ〟を実践してみた成果はいかがだったでしょうか。うまくお金を残すことができたら、貯金箱に入れておきましょう。ある程度貯まったら、そのお金でちょっとした無駄遣いをすれば、いい息抜きになります。

とにかく、一週間経ったらサイフをリセットしてください。また新たに予算額となるお金を入れて次の一週間をスタートさせます。

もし、前の一週間が持ち出しになってしまった場合は、残念ながらその分の金額を差し引いたお金をサイフに入れます。次の一週間はたいへんかもしれませんが、なんとか節約する工夫だけは試みてください。新たなやりくり手法が見つかるいい機会となるかもしれませんよ！

“一週間サイフ”の実践イメージ

予算額となる現金を食費専用サイフに入れる。

木曜日終了時点で予算額の半分以上が残っていれば理想的。

週末はレジャーや家族総出の買い物などに絡むムダな出費に要注意！
お金が余っていたら貯金へ！

※ スタートする曜日は、月曜日である必要はありません。ご家庭の都合に合わせて設定してください。

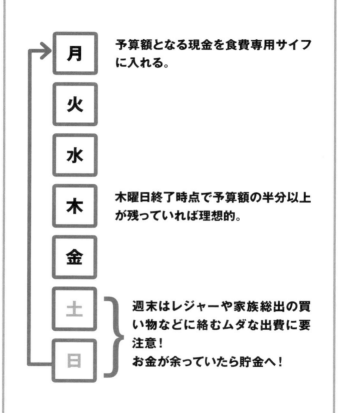

STEP 4

食費を減らす工夫を考えてみましょう。

「食」へのこだわりに折り合いをつけられますか？

私のところへ家計再生の相談にいらした、一万人を超える相談者にとって、支出を減らしたい費目のナンバーワンが「食費」であることはすでに紹介しました。では、実際に家計に占める食費のウエイトはどの程度あるのでしょうか。

総務省統計局の二〇一五年「家計調査」を見ると、東京都区部の二人以上の勤労者世帯平均では、一カ月で約三六万円の消費支出があるうち、**食費は九万円近くを占めており、ほかの費目に比べ圧倒的に高い比率**となっています。

消費支出に占める食費の割合を「エンゲル係数」というのは、みなさんご存じの通りです。

一般に、エンゲル係数が高いと生活水準が低いと言われますが、昨今の日本の食事情を考えると、むしろ食へのこだわりや、豊かな食環境によって食費の割合が高くなっている人もいそうです。

食に対する価値観は自分で判断するしかない

「食費がかかりすぎかも」と懸念する方々は、まさにそんなタイプが多く、月一〇万円超えも珍しくないわけです。

では、その食費をどのようにして減らしていくかですが、相談者の方々に、いくつかの提案はできたとしても、押し付けるわけにはいきません。なんといっても、**「食」は人間が生きていくうえでの根幹**となる部分ですから。

とはいえ、食費を減らしたいという要望を持っている以上、どこかで折り合いをつけてもらわなければならないのも、また事実なのです。

輸入肉を食べますか？　避けますか？

たとえば、食の安全・安心にとことんこだわる人は食費がかさみがちです。「肉も野菜も国産以外はイヤ」から始まり、無農薬・無化学肥料の「有機」にこだわるようになり、さらには、「関サバ・関アジ」や「神戸牛」「松阪牛」などブランド食品にこだわるようになり……。

私自身はカナダの豚肉もブラジルの鶏肉もなんの**こだわりもなく食べます**し、子供たちにも食べさせています。ただ、それをほかの人に押し付けるわけにはいきません。まさに、悩ましいところです。

せいぜい、私自身の体験談や、ほかの家計改善に成功した方々の実例を話す程度のことしかできません。

たとえば、相談者である主婦の方のこんな話です。

「今までより値段の安い食材を使ったり、料理の量や品数を減らしたりしたら、家族から文句が出るのかなと思っていました。けど、**食材の変化に気づくこともなければ、少しずつ減らしていったら量や品数についても気づかなかった。**月に三万円分も減らしたのに、今まではなんだったのかしら。料理の手間も減ってよかったけど、複雑な心境です」

メタボな食卓からは脱却したい

食費を減らした人はまま、同じようなことを言います。食材を安いものに変えたり、品数を減らしたりしたからといって、貧相な食卓になったかといえば「そんなことはない」と。むしろそれまでが過剰だった、つまりメタボな食卓だっただけというわけです。

それに、たとえば生産者直売所などを利用できるのであれば、形や見栄えは悪くても、とても安い値段で、新鮮で、安心な食材を購入できる可能性もあります。たしかな情報をキャッチするようアンテナを張り巡らせれば、**食費を減らしたのに、食材はいいものに**なった、という成果だって手に入れられます。

豪華なおせちは食費過剰の証!?

料理を食卓に並べる側としては、家族に、おいしいものをお腹いっぱい食べてほしいと願うのはごく自然なことです。

それに、行事や季節のイベントがあるごとに、子供には昔ながらの言い伝えを教えて、その時季のものを食べさせたいという親心もあるでしょう。「冬至かぼちゃ」や「節分豆」などを子供と楽しむのは、いい風習ですよね。

ただ、それも過剰になってしまい、主役の食べ物が何だったか忘れてしまうほどのちょっとしたパーティのようになっては、せっかくの想いも伝わらなくなりそうです……。

また毎年、豪華なおせちを用意する家庭は、ふだんの食費も過剰になりがちな傾向があるようです。

「そこまで必要か」を冷静に判断できれば

「食」を通して家族にやさしさを伝え、豊かな気持ちになってもらいたいと願うことは理解できます。ただ、それを伝えるために**「そこまで必要なのか」**、一度、立ち止まって考えてみてはいかがでしょうか。

妻として、母として、あるいは夫として、父としての愛とプライドが、時として節約の邪魔をすることがあるのです。

やはり自炊は安上がり。

一般には、外食より自炊のほうが食費はかかりません。もちろん、最近はワンコイン以下ですむ外食店があったり、スーパーなどでの激安弁当の充実ぶりには目を見張るものがありますので、自炊より安くすませる方法もあるでしょう。

しかしそうした食べ物はカロリーや三大栄養素が十分でも、食物繊維や微量栄養素が不足することがありますし、**自分好みのおいしさ**に仕上げられるという点を考えると、やはり自炊に軍配が上がることが多いのではないでしょうか。

少しだけ手抜きをしようとデパ地下や駅ビルなどで総菜を買ったりするのも、割高となりがちです。

また、仕事帰りに毎晩、居酒屋の暖簾をくぐって晩酌を楽しみながら夕食をすませている、という方なら、家飲みに代えれば一気に食費を減らせます。

「面倒くさい」をどう解消するか

家計にとってはメリットの多い自炊ですが、作りなれていない人にとっては「面倒くさい」ことが最大のデメリットでしょう。仕事が忙しすぎて、食事を作る余裕がないケースもあるはずです。

「すべての食事を自炊で」と考える必要はありません。**「できるだけ自炊で」**という発想で取り組めばいいのです。

ただ、自炊も習慣です。人によっては、二週間も作らないと「面倒くさい」という感覚が蘇ってくるかもしれません。ですから、多少は「頑張る」意識も必要でしょう。〝一週間サイフ〟の残額に目をやれば、「やっぱり今日は作ろうかな」となるのではないでしょうか。

イタリア人は「母や妻の料理は世界一」と誇りを持って公言する人が多く、レストランでの食事より、**わが家で家族と一緒に食べる料理こそ一番のごちそう**と考えている人も少なくないようです。世界で一番おいしいわが家の味は、必ずしもお金をかけているわけではないはずです。

「自家製弁当」は節約の特効薬

ところで、外食より自炊のほうが食費を抑えやすいのですから、勤め先での昼食を自家製弁当にすれば、やはり食費を抑えやすくなるはずです。

ただ、これも習慣化できないと負担に感じストレスになりかねないので、「必ずそうしてください」とはお勧めしにくい部分もあります。

しかし、みなさんいろいろと工夫しているようで、たとえば、一週間のうち二日か三日だけは弁当にするとか、ごはんやおにぎりだけ家から持っていき、おかずは勤務先の近所で購入するという人もいます。

また、晩ご飯の残り物を弁当に詰めるのではなく、明日の弁当に詰める料理を主として考え、残ったものを前日の晩ご飯として食べるなどという、逆転の発想で弁当を楽しんでいる人もいます。

デフレのせいか、いまは弁当作りが人気です。弁当男子も増えています。**いかに弁当作りを楽しむか**を見つけられれば、節約の成果も一気に上がります。

今回の食費に絞った〝一週間サイフ〟のルールとは違う家計管理の中での話なのですが、あるご家族では、ご主人の勤務先での昼食代は、ご主人の小遣いの中から払うことにしていました。ただし、奥様が弁当を作ってくれたら、ご主人は小遣いの中から二〇〇円を奥様に渡しているのだそうです。

お互いの小遣いが増えるため、お互いに楽しめている様子で、とてもいいルールだと感じます。なにより、弁当を作るのは奥様の義務ではなく、「もし作ったら」という**気ままな形が功を奏し**ているように見えました。

買い物の回数を減らし、無駄遣いを減らします。

買い物の回数は、何度かに分けて少しずつにしたほうがいいのか、それとも回数を減らしてまとめ買いをしたほうがいいのか――。

もちろん人によりけりと言ってしまえばそれまでですが、一般には、買い物の回数が少ないほうが無駄な支出は少ないようです。**週に一回のまとめ買いと、不足分の買い足し一回**の二回が目安でしょうか。

ほぼ毎日というほどに買い物の回数が多い人は、「高い食材は買わず、特売品しか買っていない。なのに、どうして食費が高くなっちゃうんだろう?」と首をかしげます。

じつは、**店に足を運ぶと、ついつい必要じゃない無駄なものにまで手を伸ばし**がちなんです。しかも、いくら特売品といっても、結局は食べなかったり、使わなかったりしたら、ただの無駄遣いにしかなりません。ただ単に、買い物癖を助長しているだけなのです。

特売品を買っているからといって安心できない

そもそも、スーパーとしても特売品を設けているのは、ほかのものも買ってもらおうという、きっかけづくりなわけです。それにまんまとはまってしまうと、毎日のツケはけっこう大きなものとなりかねません。

人間は、なかなか自制がきかないもの。その回数を減らす意味でも、毎日買い物に行くスタイルはおすすめできません。

一方、まとめ買いを節約につなげる場合にも注意が必要です。

肝に銘じておかなければいけないのは、家にある食材をほぼ使い切ってから買い物に出かけること。買い物に出かける前に、**冷蔵庫の写真を撮り**、いま本当に足りないものは何かを明確にしておく方法も有効です。

また、まとめ買いをするときに余分なものを買いすぎては、結局、賞味期限切れ、消費期限切れの食材だらけになってしまうわけで、毎日買い物をして無駄遣いするのと何ら変わりません。

そこで、**買い物に歩いていき、手に持って帰る**というスタイルであれば、荷物が重いので、無駄遣いも減るはずです。大家族だと大変かもしれませんが、運べる上限があることは意外に重要なポイントとなります。

つい浪費しがちとなるのは、車に乗って家族で大型ショッピングセンターへ行き、レジャーとしての買い物をとことん楽しんでしまうパターンです。

いずれにしても、「必要なものだけを買う」「無駄なものは買わない」——これにつきます。

宅配サービスを利用するなら〝落とし穴〟に気をつけましょう。

歩いて買い物に行けば、無駄遣いをある程度防げるとはわかっていても、世の中にはどんどん便利なサービスが現れます。

家にいながらにして届くのは便利だが……

車で買い物に行くよりさらに便利な、ネットスーパーなどの宅配サービスもその一つ。最近では、ある献立を想定した食材を毎日セットで届けてくれるサービスすらあります。

インターネットを通してクリックやタップで商品を選ぶだけで、ほしい食材がすぐに届くのは大きな魅力です。使いようによっては、家計の強い味方となってくれるでしょう。

ただし、**利便性の高さは消費を助長**します。「思いついたらすぐ購入」という形で無駄遣いが発生しがちとなるのです。節約生活の導入時には、その利用について慎重にならざるを得ません。少なくとも、注文を確定する前に一呼吸おいて、冷蔵庫の中を確認してからでも遅くはないはずです。

では、私の家では宅配サービスを全く使っていないのか、と尋ねられたら答えは「グレーゾーン」となります。

じつは、**ふるさと納税をフルに活用**し米を送ってもらっているのです。寄附時には一時的にお金がかかりますが、その分節税になります。送られてくる米は、おいしいのはもちろん、わが家は大家族ですので、しっかり食べきっています。

融通が利かない人は食費がかさみがちです。

私は仕事柄、さまざまな雑誌の出版にかかわっている人と話をする機会が多くあります。

そうした中で、女性実用誌や料理雑誌の編集部にも、「食費がかかってしまう」という悩みがよく寄せられているとの話を耳にしました。

勝手な読者イメージとしては、料理上手でやりくり上手な人ばかりなのだろうと思っていましたので、ちょっと意外でした。そして、**食費がかかるという人は、料理をするうえで融通が利かない**人が多いのだそうです。

たとえば融通が利かない人というのは、「雑誌のレシピに載っているこの材料がない」という場合、代用品を考えたり、それなしで作ってみることを考えるのではなく、何が何でもその材料を入手することを優先したりするのだとか。

何かで何かを代用する、足りなくても問題ないと割り切るというような発想がないわけです。

節約を考えれば頭は柔軟になる

もちろん、男性だって頭の固い人は多いですよね。かくいう私も、人のことを言える筋合いではありません。

ただ、「節約をしたい」「貯金を増やしたい」と思って本書を手にしたみなさんは、せっかくの機会ですので、**頭を柔軟にする訓練を、節約を通して**実践してみてはいかがでしょうか。

いまある食材をおいしく、有効に使う方法を考えて楽しむ――。そうすれば料理の腕も上がるでしょうし、むしろ食卓も豊かになるかもしれません。

冷蔵庫にあるものからメニューを考える

たとえば冷蔵庫にハクサイが残っていて、これをおいしく料理したいと思えば、インターネットのレシピサイトなどで、いろいろなメニューを検索できます。

そうすると、「ハクサイしかない、どうしよう?」ではなく、「ハクサイをどこまでもおいしく食べよう」という楽しみに変わってきます。

じつは、この**融通が利くか利かないかは、お金が貯まる人と貯まらない人の大きな差**だともいえます。

生活日用品代でも、スマホなどの通信費でも「あれがないとダメ」とかたくなになってしまう人と、「あれがなくても、あるもので済ませられる」という人ではお金の貯まり方が違います。

住居費や教育費ともなれば、その考え方の差で、お金の出ていき方はとても大きな違いを生みます。

割り切れる人なら、お金が貯まります。そうした縮図が「食費」の中に込められているのです。

だから「食費」を見つめれば、その家計が浮き彫りになるわけです。

STEP 5

実際に食費を減らして家計が改善した例があります。

夫婦＋子供三人の五人家族のケースです。

有名企業に勤める石田さん（仮名）の収入は決して低くありません。五〇歳で毎月手取り収入が約四五万円あるほか、夏と冬のボーナスもそれぞれ約八〇万円。額面ではなく、手取り年収で約七〇〇万円はあるのですから。

それなのに毎月三万円ほどの赤字家計だったのです。**不足分はボーナスで補うし**かありませんでした。

食費が月一〇万円を超えていたら赤信号

費目別に一カ月分の収支を記録した家計簿を見せてもらうと、節約ポイントは多

「浪費サイフ」でご褒美&息抜き

Before		After
1カ月分の食費	→	1カ月分の食費
12万〜15万円		約7万円

実践ポイント

1. 一週間サイフの予算は1万5000円に。
2. 節約料理を友人に評価してもらう。
3. サイフにお金が残ったら「浪費サイフ」へ。

多ありそうでした。ただ、その中でも真っ先に目についたのが、月に一二万円以上かかるという食費でした。

三人の子供たちがみな食べ盛りということは理解できます。ただ一般に、**一〇万円以上も食費をかける家計は、往々にして赤字体質**となりがちです。

原因が特定できないときこそ“一週間サイフ”の出番

ところで石田家では、なぜ、そんなに食費がかかっていたのでしょうか。ご夫婦に聞いてみると、外食はほとんどしないのだとか。じつのところ、「ぜいたくしているつもりもないので、**理由がわからない**」というのです。

そんな原因が特定できないときこそ、〝一週間サイフ〟の出番です。改善ポイントが明確でないのですから、金額で縛りをつけてみるしかありません。

石田家で話し合った結果、一週間につき一万五〇〇〇円を食費としてサイフに入れることになりました。実現すれば、**月に五、六万円の節約**となり、その分を貯蓄にまわせます。

私がしたアドバイスは、「もしかしたら、ちょっといい物を買う習慣や、無駄にたくさん買う習慣があるかもしれませんので、そこは節約を意識してください」「本当に外食が少ないかどうかを再度チェックし、自炊を重視してください」という程度です。

「とにかくやる」意識が成果を生む

〝一週間サイフ〟導入直後は、それまでの習慣が抜けないせいか買い物カゴにいつものように食品を入れてしまい、スーパーのレジで支払う際、「お金がない！」ということもたびたびあったのだとか。聞けば、「そんなときは、**レジでオーバー分を返品していました**」とのこと。その話を聞いて、ほかのお客さんやお店の迷惑になっていないのだろうか、とハラハラしたものです。

ただ、石田さんの奥様はなかなかの頑張り屋さんで、食費を節約すると決めてからは、夫や子供たちの**お弁当作り**も始めました。

少々心配だったのは、その弁当作りを毎朝四時半に起きて頑張っているということ。要領がよくなさそうだな、少々極端な取り組みだな、とも見えましたが、本人は楽しめている様子でしたので、つらくないなら続けられるだろうとわれわれは判断しました。

褒められ上手が継続のコツなり

奥様は、褒められたり、評価されたりすることを、面白がって次へのエネルギーへと変えられるタイプだったようで、これも節約にうまく取り入れていました。

たとえば、自炊をメインにするようになった夕食は、節約料理としての評価を友人にしてもらっているというのです。なんでもその友人とは、食費の節約を趣味にしている方なのだとか。食事を作るたびに**写メを送ると、メールで評価**が返信されてくるというわけです。面白い方法があるものだなと、感心させられました。

褒められるという点では、奥様は自分で自分を褒める仕組みを作っていました。節約がうまくいき、一万五〇〇〇円という食費の週予算が余った場合は、それを貯金にまわすのではなく、「浪費サイフ」にまわしたのです。それで買えるものなんて、せいぜいケーキを買ったり、子供たちと一緒に喫茶店へ出かけたり、その程度のもの。でも、それを〝**ご褒美**〟と位置づけて、息抜きに利用したことは素晴らしいやり方だと思います。

軌道に乗せるまでには浮き沈みがつきもの

石田家の赤字家計から貯金生活への転換は、必ずしも一直線でうまくいったわけではありません。長い年月の間には**浮き沈み**がありました。とはいえ〝一週間サイフ〟を取り入れてからは、食費については六万円台だったり、七万円台だったりといった程度。平均すれば、米代を入れても七万円には収まっています。一〇万円を超えるなどということは一切なくなりました。

石田家のご夫婦の場合、まず最初の段階で危機感をしっかりと自覚していました。「このままではいけない」という想いが強かったんです。加えて、奥様はたしかに、要領が悪く、不器用なタイプかもしれませんが、「**とにかくやる**」という行動力がありました。

また、われわれのアドバイスや提案にも興味を持っていただき、すごく素直に受け入れてくれたんです。「今日もこんなにいいことが聞けた！」と、こちらのほうが元気づけられるくらいにポジティブ。そうした充実感や達成感を感じられるのも才能の一つなのでしょう。継続するには大きな力になります。

ただ、石田さんは、私のところへ相談に来てから早四年目。相談料もそれなりにかかりますから、「節約のためにも卒業してはいかがでしょうか」と提案しているのですが、どうも、「誰かに見てもらえている」ということも、**家計見直しの動機づけ**の一つとなっているようです。

夫婦＋子供二人の四人家族のケースです。

「借金が膨らんでしまったのは二度目。なんとか返済して、今度こそ**貯金ができる生活を送りたい**んです」――。

四〇代前半の藤井さん（仮名）夫婦が相談に来たときは、もう、これ以上同じ苦しみを味わいたくないという決意に満ち溢れていました。

借金生活から抜け出し貯金できる生活を目指す

ご主人の月収は手取りで約四一万円、奥様のパート収入が約四万円、ほかに児童手当が二万円と、家計に入る毎月の収入は約四七万円で、ボーナスはありません。

そして月々の支出は借金返済分も含め、約五五万円。**毎月、約八万円もの借金**が増えていっている状態です。聞けば、税金や国民年金、国民健康保険の支払いも遅れたり、滞納の状態になったりしているのだとか。

いくつかの選択肢のうち、「任意整理」も提案しました。しかし藤井さんには「まずは、しっかり返済するよう努力したい」という強い想いがありました。そこで、具体的な家計の見直しに着手したわけです。

仕事で疲れ外食や総菜購入が増える

あらゆる支出項目を削っていかなければなりませんでしたが、**月に一一万円以上かかっていた食費**は、当然ながらメインターゲット。藤井さん夫婦も、その点は明確に自覚していたようです。

奥様の仕事はパートだったとはいえ、仕事がある日は疲れのため食事を作る気に

オーブンレンジが自炊の救世主に

Before		After
1カ月分の食費	→	1カ月分の食費
11万円以上		約5万円

実践ポイント

❶ 家族会議を開いて子供にも相談。

❷ 一週間サイフの予算は段階的に引き下げ。

❸ オーブンレンジの導入で自炊率アップ。

なれなかったそうです。中学生と小学生の子供もいましたので、それ以外の家事なども負担になっていたのでしょう。**外食や総菜を買う機会が増え**ていました。

家族会議はみんなが協力するきっかけになる

　家計が厳しい状況におかれているとき、包み隠さずそのことを家族で共有することは、一つの解決策につながります。そんな話を藤井さんにしたら、**家族会議**を開いて、「家計が赤字」であること、そして「借金を返済し貯金ができるようにしたいので協力してほしい」ことを、二人の子供たちにも打ち明けました。

さすがに、その話を受けて〝どんより〟とした空気が流れたといいますが、会議の終わりには、家族全員が前向きな気持ちになれたようです。

子供たちは大人の事情を理解できる

じつは、藤井さんの奥様はよき母として、おいしい食べ物をいつもたっぷり家に用意して、子供たちが十分満足できるよう食べさせてあげたいと考えるタイプでした。だから、子供たちに厳しい現実を事細かに見せて、「だから我慢してね」ということには少なからず抵抗があったのです。

でも、子供たちに打ち明けることによって、自分自身も改めて決意がしっかりし、頭を完全に切り替えようとスッキリした気分になったと言います。

〝一週間サイフ〟の予算を段階的に減らす

藤井さんのような**借金体質の家計こそ、〝一週間サイフ〟**で予算を確実に守る方法は有効です。食費の週予算は、二万円に設定しました。

当初はそこから徐々に減らしていこうとしたのですが、外食や総菜購入の機会が減り、自炊が増えたおかげで、一カ月後には早くも実績が予算額を下回るようになったのです。そこで目標設定を二カ月め、三カ月めと続け様に引き下げ、ついには週一万二〇〇〇円でやりくりできるまでになりました。

秘密兵器は「オーブンレンジ」だった

その裏には、ある秘密兵器の存在がありました。それは「オーブンレンジ」です。それまで、藤井家では電子レンジもオーブンも使っていませんでした。しかし、自炊の負担を減らし、時短にもつながるなら思い切って買ってみるのもいいんじゃないかと、**家族会議で決めて購入**に踏み切ったのです。

これが予想外の成果を生んだのは、子供たちもオーブンレンジに興味を持ってくれたから。インターネットで調べ「材料を切って、調味料と一緒に耐熱容器に入れて、レンジでチンするだけ」といったレシピを見つけては、**子供たちが自ら食事の用意**をするようになりました。

すると買い物も子供たちが進んで手伝うようになったのです。奥様の家事負担が、以前より減るくらいに家族の協力を得られたことは、何より幸運だったといえます。

藤井さんの家計は、一年後には、あと半年程度で借金を返済できそうというところまで持ち直してきました。**完済できれば、次はいよいよ黒字家計**に転じて貯金ができます。四〇代前半ですから、まだまだ時間はあります。どうにか新しい生活習慣を維持して、将来へつなげてほしいと願っています。

夫婦二人のDINKsのケースです。

夫四〇代前半、妻三〇代前半という立石さん（仮名）夫婦は、共働きのいわゆるDINKsで、手取り月収は夫が財形貯蓄などを差し引いて約二五万円、妻が約二〇万円でしたが、ボーナスは年間で夫が一三〇万円、妻が一八〇万円ありました。

収入はあるが貯蓄がない〝夫婦別財布〟

ところが、かつて**夫が多額の借金を抱え、それを妻が肩代わり**したばかりという事情があったのです。

結局、夫にも妻にもほぼ貯蓄はなく、辛うじて一〇〇万円あるかどうかという状況でした。

月間の家計状況を教えてもらったところ、手取り月収と毎月の消費支出は、ほぼトントンといったところ。しかし、夫婦合わせて年間三〇〇万円を超えるボーナスの行方を推察すると、それ以上にかかっているお金がありそうでした。

家計状況の把握と並行して家計再生に取り組む

じつは、相談に来る直前まで、**夫婦別財布で生活**していたため、家計の収支を全く把握していなかったのです。

しかし、奥様の勤務先で部署移動があり、残業がなくなったため収入が減ったことを契機に、「なんとかやりくりするためには、**まず家計を合わせましょう**」との結論にいたったというわけです。奥様のボーナスも今後、減ることは確実とのことでした。

ですから、家計の実態把握はまだこれから、といった状況で、家計再生に取り組

“夫婦別財布”から脱却し貯蓄増

Before	After
1カ月分の食費	1カ月分の食費
6万円以上	約4万円

実践ポイント

❶ 夫婦別財布を改め家計を合算。

❷ 一週間サイフの予算は「1万円」に。

❸ 妻の勤務時間が減った分、自炊に注力。

むことになったのです。

共働き夫婦は外食が増えがち

共働き夫婦は、どうしても外食が多くなりがちです。

昼食はそれぞれ勤務先周辺でとったり、夕食は仕事帰りに待ち合わせをして一緒にレストランでとったり。

立石さん夫婦の場合は、「食費は外食分を合わせても月に六万円程度」とのことでした。しかし、ほかに夫三万円、妻四万円の小遣いがあることが気になりました。

確認してみると、じつは、この中からも食事にかかわるお金が出ていたのです。

〝一週間サイフ〟には一万円を入れて

ともかく立石さんに、食費をどう節約したいかという希望を聞いてみると、「食費は月四万円程度に抑えたい」といいます。

そこで**〝一週間サイフ〟の食費の予算は、一万円**に設定しました。「共働きで外食費込みの月四万円に抑えるのは、難しいのでは?」と思う人もいるかもしれません。しかし、自炊を増やせば、さほど無理せずとも実現できない数字ではないのです。

また一方、小遣いも抑えておかないと食費の改善につながらない可能性があると見えましたので、小遣いは夫も妻も二万五〇〇〇円ずつに引き下げてもらいました。

三三〇万円へと一気に増えた貯金額

幸いだったのは、奥様は部署が変わって収入が減ったとはいえ、残業がなく定時で帰れるようになったため、**自炊をする時間と余裕ができた**こと。元々、奥様はしっかり貯蓄のできる堅実タイプでしたから、食費を月四万円前後で抑えるという目標は、難なくクリアできました。

立石さん夫婦は結局、**一年後には三三〇万円まで貯蓄を増やす**ことに成功したのです。

「今後、子供がほしい」との希望を持っていますので、今のうちにできるだけ、教育資金や自分たちの老後資金の礎となる貯蓄を増やしてほしいものです。

収入アップが難しい単身者のケースです。

やはり食費を減らすには、**なにより「自炊」**の効果が高く、その中身が重要であることは、ここまでの三例で紹介してきた通りです。四例めは、その自炊の効果をシンプルに教えてくれた単身者のケースです。

ルームシェアで自炊は断念

秋山さん（仮名）は四〇代半ばの女性。同じ独身女性である、気の合う友人と暮らせばちょっといいマンションを借りられると考え、ルームシェアをすることにしました。

「一人よりは、二人のほうが楽しく暮らせる」――そんな想いもあったようです。

ルームシェア解消で自炊生活に

Before		After
1カ月分の食費 6万円以上	→	1カ月分の食費 約3万円

実践ポイント

❶ 仲のよい友人とのルームシェアを解消。
❷「自炊」+「弁当」生活に移行。
❸ 一週間サイフの予算は「7000円」に。

ところがその友人が、調理時に発生する臭いやキッチンが汚れることを嫌うタイプでした。

初めのころはそれに気づきませんでしたから、自炊することもありました。

もちろん、自分で作った料理を相手にもおすそ分けするなど、それなりに気も使っていたのです。

なのに、相手の様子がおかしい。料理をすると、いつも不機嫌になる様子を見るにつけ、徐々にそれを察するようになったのです。

結局、自炊はほぼあきらめざるを得ない状況になってしまいました。

外食とコンビニ弁当だけではお金がかかる

ある道を究めて、ゆくゆくはその道の指導者なりたいということで、目先の生活費を稼ぐために派遣社員を続けてきた秋山さんの手取り月収は約二三万円、ボーナスはありません。**月に一万円でも、二万円でも、貯蓄にまわしたい**ところだけに、自炊できないことは痛手となりました。

結局、実際にかかっていた食費は月六万五〇〇〇円。外食やコンビニ弁当などの利用が主です。

ただ、単身者で自炊をせずにこの金額に収めていたのは、ごく普通のほうだったと思います。昼食と夕食で一〇〇〇円ずつ使っていれば、それだけで月六万円はかかってしまうわけですから。

お酒を好む人などは、単身者であるにもかかわらず一〇万円近いというケースも珍しくないのです。

ルームシェアを解消し引っ越しを決断

秋山さんが相談に来たときには、すでにルームシェアを解消しようと心に決めていたようです。

ただ、こればかりは、周囲は口をはさめません。秋山さんは家計の現状を一つ一つ再認識すると、ほどなくして、その決意を行動に移しました。

引っ越し費用はかかったものの、新居の家賃はルームシェアをしているときとほぼ同じ。数千円安くなったくらいです。

そして食費を入れる **〝一週間サイフ〟の予算は、七〇〇〇円**に決めました。思うように自炊ができるようになり、勤務先へは手作り弁当を持参しています。

〝一週間サイフ〟があるから流されない

秋山さんの現在の食費は、一カ月で三万円前後。「一週間サイフの成果が現れている」と、笑顔を見せてくれています。

さて、食費を減らした四つのケースでは、いずれも**家計全体が改善**しました。もちろん、それを継続しなければならないと考えるなら、まだ道半ばであることも事実。〝一週間サイフ〟は、まだまだ手放せなさそうです。

郵便はがき

おそれいりますが
52円切手を
お貼りください。

1028641

東京都千代田区平河町2-16-1
平河町森タワー13階

プレジデント社
書籍編集部 行

フリガナ		生年（西暦）　年	
氏名		男・女	歳
住所	〒 TEL　（　）		
メールアドレス			
職業または学校名			

ご記入いただいた個人情報につきましては、アンケート集計、事務連絡や弊社サービスに関するお知らせに利用させていただきます。法令に基づく場合を除き、ご本人の同意を得ることなく他に利用または提供することはありません。個人情報の開示・訂正・削除等についてはお客様相談窓口までお問い合わせください。以上にご同意の上、ご送付ください。
＜お客様相談窓口＞経営企画本部 TEL03-3237-3731
株式会社プレジデント社　個人情報保護管理者　経営企画本部長

この度はご購読ありがとうございます。アンケートにご協力ください。

本のタイトル

●ご購入のきっかけは何ですか?(○をお付けください。複数回答可)

1 タイトル　2 著者　3 内容・テーマ　4 帯のコピー
5 デザイン　6 人の勧め　7 インターネット
8 新聞・雑誌の広告(紙・誌名　)
9 新聞・雑誌の書評や記事(紙・誌名　)
10 その他(　)

●本書を購入した書店をお教えください。

書店名／　(所在地　)

●本書のご感想やご意見をお聞かせください。

●最近面白かった本、あるいは座右の一冊があればお教えください。

●今後お読みになりたいテーマや著者など、自由にお書きください。

どうもありがとうございました。

STEP 6

〝一週間サイフ〟を実践できたら家計全体を見直します。

食費の見直しに成功すれば、節約力・貯金力がアップします。

食費を減らし、コントロールできるようになった人は、節約力・貯金力が格段にアップしています。なぜなら、なかなか難しい**生活習慣の変更を実行できている**のですから。

「本当は買わなくていいもの」を判断する力

生活日用品代などは、食費同様に〝一週間サイフ〟と相性のいい費目です。もっとも、食費よりは週による増減の波が発生しやすいのですが、サイフに入れた予算額＝現金の残額を見ながら買い物をすれば**「本当に今必要なものは何か」**を意識せざるを得ません。なので、しっかりと月予算内におさめることが可能となるはずです。

ちなみに、生活日用品代の支出が多くなりがちなのは女性です。ドラッグストアが好きという人の場合、とくに用事がなくても、店をのぞいては化粧品などを物色してしまうそうです。

しかも「ドラッグストアは価格が安い」という気のゆるみからか、「ちょっといいもの」を選びがち。シャンプーやトリートメント、洗濯洗剤、入浴剤、サプリメントなど、結局はスーパーなどで一般的な商品を買うより高額になってしまうケースもあります。

誘惑の多い「店」には近寄らないのが吉

男性の場合、ホームセンター好きが少なくありませんが、頻繁に通えば、やはり無駄なものまで購入しがちとなります。

それがスーパーであれ、百貨店であれ、物を売っているところ、つまり**「店」にはできるだけ入らない**ようにすることが、無駄遣いを防ぐことに直結します。

インターネットなら、ショッピングができるサイトにはできるだけアクセスしないようにするのも一つの方法です。

食費だけでなくいろいろな費目の節約に目が行く

「本当に今必要なものは何か」を意識する習慣がつくと、さまざまな家計の費目にいい効果が波及します。

電話やインターネットなどの通信費、被服費、娯楽費、交際費、保険料、自動車関連費——食費を見直すことができたなら、せっかくですから、家計全体を見直してみましょう。

家計管理の大原則は「一カ月」単位です。

サラリーマンであれば、月々ある程度決まった給料が入ってきます。自営業の方でも、定額ではないかもしれませんが、売上は月ごとでも管理しているでしょう。また、各家庭の支出を見ると、電気代、ガス代、水道料金など公共料金の支払いや、NHKの視聴料、新聞代、インターネット代、携帯電話代など、月ごとに支払うものが数多くあります。

月収の範囲内に消費支出を抑え、ボーナスは貯金に

したがって、家計の収支を管理する大原則は「一カ月」単位での管理であり、**一カ月の収入の中で一カ月の消費支出を収め、**願わくば、毎月貯金にまわせるだけの黒字家計をつくることなのです。

ボーナスについては「全額貯金」にまわすことをお勧めします。少なくとも、ボーナスでふだんの生活費を補う形はリスクが大きいので、ぜひ見直してください。

そうして、毎月過ごしてきた成果として、一年間でいくら貯金ができたかを確認し、また新たな目標を立てることになるわけです。

一年の中には支出額の波がある

家計を月ごとに見ていくと、支出には時期による波があります。新しい年度が始まる春先、旅行やレジャーに出かけることの多い春と秋の大型連休、帰省シーズンとなる夏、なにかと飲み会やパーティなどが多い年末年始は、どうしても出費がかさみがち。水道・光熱費だって、春夏秋冬で変動があります。

そうなると現実的には、だいたい**三カ月くらいの動きを見て**、そこから一カ月分のおおよその家計の動きを知るのが妥当なやり方となります。

貯められる人は「月」にこだわり「今」にこだわる

お金を貯められる人は、金額が多いか少ないかにかかわらず、**少額でも必ず毎月家計収支をプラスに**して、その分を貯蓄にまわしています。

よくあるのは、将来の老後を考えると三〇〇〇万円の貯蓄が必要だとか、五〇〇〇万円の貯蓄が必要だとかといった話になり、「でも、今から貯めるとしたら毎月一〇万円貯めても間に合わない。そんなことウチは無理だよね。どうしよう⁉」とお手上げ状態になってしまうケース。

しかし、そこで立ち止まるくらいなら、とにかく**「毎月」、「今」できるだけの貯蓄を**していくというほうが現実的で、突進力がありそうです。実際にその貯蓄は、必ず役に立つときがくるのですから。

一方で、目標金額に惑わされすぎて、思考停止&行動停止状態に陥ったり、妙な投資や資格取得、転職に走ったりすると、どんどんマイナスの方向へと進みかねません。もちろん、前向きな転職や資格取得なら収入アップにつながり好転するでしょうが……。

やっぱり家計簿はつけましょう

家計全体を管理する、一カ月単位で家計の収支をとらえるとなると、やはり、家計簿は欠かせません。

家計簿をつける最大の**メリットは安心感**です。実際にお金がどこに流れているのかを知ることによって、安心感が得られるわけです。

そして次の段階として、無駄遣いが減るとか、改善策を考えられるようになるといったメリットがあります。

もし、家計簿をつけることにデメリットがあるとしたら、それが義務のようになり、仕事のようになり……、ということで、極端に細部までこだわるがあまり、肉体的および精神的負担が大きくなってしまう人もいるということでしょうか。

多少の誤差は気にしないことも大切

たしかに、家計簿をつける日があったり、つけない日があったりといった具合に、あまりにもずさんになりすぎると家計簿をつける意味がなくなってしまうのも事実です。しかし、一カ月の集計をする中で、数千円程度の不明金や集計違いなどが発生する程度であれば、厳密にそれを解決しようとする必要はありません。

また、外で食べた食事代を、食費にしようか、交際費にしようか、はたまた小遣いにしようかと、あまり極端に悩みすぎるのも負担が大きくなってしまいます。

自分の中で、ある程度のルールを固めておけば大丈夫です。**多少は力を抜きながら記録**するというスタンスが、三日坊主で終わらずに、継続するためのコツです。

季節要因もあらかじめ予測できるようになる

また、時期によって波があることはすでに説明した通りであり、子供が家にいる夏休みは大打撃になることもあります。

給食やせいぜい弁当ですんでいたのが、毎食作らなければいけなくなったり、それが面倒で外食や中食が増えたり。さらには外へレジャーに出かけることも増え、食事も値段が高めの店でとったりとなると、当然ながら出費は増えます。

浪費の水準にまでいくと考えものですが、やむを得ない事情で予算オーバーになってしまった月があったとしても、それはそれで**許容するという姿勢も必要**です。

家計簿のデータが蓄積されてくれれば、あらかじめ、出費が多くなる月に備えて毎月の蓄えをしておく、といったやりくりもできるようになります。

家計の支出には「固定費」と「流動費」があります。

家計簿をつけるとき、とくに支出項目をどのように分類して費目を立てるかは、一つの悩みどころとなります。

細かすぎると毎日家計簿をつけるときに、いちいち分類するのが煩雑になります。大ざっぱすぎると、改善しなければならないポイントの発見が困難になります。

費目の設定は家庭の事情にあわせて

一〇四ページに「横山式『固定・流動バランスシート』」として一つの例を示しています。各費目の中で、金額が突出して大きくなりすぎる費目がある場合は、さらに細分化して予算を立てたり家計簿をつけたりしたほうがいい場合もあります。

うちの家計は、どうなの？
横山式「固定・流動バランスシート」に記入してみよう！

手取り月収（ボーナス分は含めない）	（円）

■毎月の支出

費目	金額（円）
★住居費・駐車場代	
☆食費	
☆電気	
☆ガス	
☆水道	
★通信費（携帯電話・固定電話・ネット代）	
★生命保険料	
☆生活日用品代	
☆医療費	
☆交通費	
☆被服費	
☆交際費	
☆娯楽費	
☆嗜好品（お酒・たばこなど）	
★教育費（習い事など）	
☆その他①（例：小遣いなど）	
☆その他②（例：ローン・奨学金返済など）	
☆その他③（例：化粧品・美容費など）	
☆その他④（例：自動車関連など）	
支出合計金額	

固定費か流動費か、105ページの分類を参照して決めてください。
固定費の場合は☆印を黒く塗りつぶしてください。

わが家の固定費・流動費・貯金の比率を計算してみましょう

固定費合計（★の部分）	（円）
流動費合計（☆の部分）	（円）

貯金へ	（円）

❶ 手取り月収のうち「固定費」の占める割合は？ ％

❷ 手取り月収のうち「流動費」の占める割合は？ ％

❸ 手取り月収のうち「貯金」の占める割合は？ ％

1000件データ徹底分析でわかった黒字&赤字家計の収支・黄金比率

■黒字家計の理想割合

固定費 45％ ： 流動費 35％ ： 貯金 20％

■赤字家計の平均比率

固定費 65％ ＋ 流動費 45％ ＝ 月収の10％分が赤字に！

※ 年に1回まとめて支払うような費目（固定資産税など）や子供の入学金、住宅購入の頭金など特別な要因によるまとまった一時的支出は毎月の支出には含めません（別途貯金して対応）。

【★固定費】……毎月一定額かかる費目

住居費、通信費、生命保険料、教育費、小遣い、毎月のローン返済額（住宅ローンは住居費に）、ペット代、車（バイク）の保険代、新聞代、サプリメント代、コンタクトレンズ代など

【☆流動費】……毎月増減する費目

食費、水道・光熱費、ガソリン代、ETC代、生活日用品代、医療費、交通費、被服費、交際費、娯楽費、嗜好品代、理美容費、化粧品代など

「横山式『固定・流動バランスシート』」を活用しよう

ところで、「横山式『固定・流動バランスシート』」という名称を唐突に出してしまいましたが、「それはいったい何のこと？」と疑問に思った方もいらっしゃるでしょう。家計を分析するうえで、きっと役立つことがあると思いますので、ここで簡単に説明します。

「横山式『固定・流動バランスシート』」に示した家計の分類例の各費目には、「★」印と「☆」印がついています。

★印がついているものは「固定費」、☆印がついているものは「流動費」です。この分類は、私が家計診断をするときに活用しているものです。どの費目を固定費とするか、あるいは流動費とするかは、また別の見方もあるかもしれません。一つの目安としてください。

固定費と流動費の分類

固定費とは、毎月一定額かかる費目のことであり、ここでは、住居費、通信費、生命保険料、教育費、小遣い、毎月のローン返済額（住宅ローンは住居費に）、ペット代、車（バイク）の保険代、新聞代、サプリメント代、コンタクトレンズ代などを想定しています。

流動費とは、毎月増減する費目のことであり、ここでは、食費、水道・光熱費、ガソリン代、ＥＴＣ代、生活日用品代、医療費、交通費、被服費、交際費、娯楽費、嗜好品代、理美容費、化粧品代などを想定しています。

固定費と流動費の占める割合が重要

家計を分析する際に、費目を固定費と流動費に分けるのには、もちろん理由があります。

「**黒字家計と赤字家計には、各々共通する傾向**がある」――。

一〇〇〇件に及ぶ家計診断データを克明に分析したところ、じつは、そんな姿が浮き彫りになりました。

具体的には、これまで家計診断を行った一万人以上のデータの中から、黒字家計五〇〇件と赤字家計五〇〇件を無作為に抽出し、手取り月収に占める「固定費」「流動費」「貯金」の割合をはじき出してみたのです。

すると黒字家計では、固定費が四〇%台後半~五〇%台前半のケースが最も多く、なんと五〇〇件のうち四五三件において、五〇%以内に収まっていたのです。一方、流動費の割合を見ると、黒字家計では三〇%台後半~四〇%台前半に収まっているケースが五〇〇件のうち四二八件でした。

理想的な黄金比率が見えてきた!

ここから導かれる黒字家計の〝理想的〟な**黄金比率は、「固定費：四五%」「流動費：三五%」**、そして固定費と流動費を差し引いた残り、**「貯金：二〇%」**というわけです。

これに対し、赤字家計に目を向けると、五〇〇件の平均値は「固定費：六五%」「流動費：四五%」。つまり、単純計算で「赤字：一〇%」です。

その赤字を補っているのは、ボーナスや結婚前から貯めていた貯金など。場合によっては、カード払いや借金に頼っている家庭もありそうです。

そんな赤字家計を再生しようとするとき、やみくもに節約をすればいいというものではありません。**固定費と流動費とでは、それぞれ特性が異なる**からです。

たとえば、固定費が七〇%、流動費が三五%で毎月五%の赤字という実際にあっ

赤字家計の問題点を抽出して、こう改善する!

手取り月収	330,000円

Before 69.7% → After 48.5%

		Before	After
固定費合計		230,000円	160,000円
(固定費の内訳)	住居費	90,000円	90,000円
	通信費	30,000円	10,000円
	生命保険料	35,000円	15,000円
	教育費	30,000円	15,000円
	小遣い	30,000円	25,000円
	その他	15,000円	5,000円

た家庭の例を参考に考えてみましょう。上図に、どのような費目をどれだけ改善したかを示しますので、参考にしてください。

固定費だけで毎月七万円を削減

この案件では、住宅ローンは当面、手のつけようがありませんでした。しかし、通信費は家族の携帯電話を格安SIMに切り替えることにより、二万円も削減できました。生命保険は、赤字家計なのに貯蓄性の保険料を支払うのは好ましくないため、その部分を解約。教育費は小学生の長女がいやいや通っていた習字とプールをやめました。

さらに、なんとなくの健康志向から惰性で飲んでいたサプリメントを見直すなどし、**固定費だけで毎月七万円削減、その比率を四〇%台後半にまで引き下げる**ことができたのです。

赤字家計が五万円の貯蓄をできるように

流動費は理想割合に収まっていましたので、食費や生活日用品代、水道・光熱費を節約しようとしても、削れる部分はごくわずか。それでも、固定費の削減効果が大きく、**赤字家計だったのが毎月五万円程度は貯蓄**できるようになりました。

ここで重要となるのは、まず現在の毎月の家計状況を洗い出して、固定費に問題があるのか、流動費に問題があるのか、あるいはその両方なのかをしっかりと把握することです。

ぜひ、一〇四ページに掲載した**「横山式『固定・流動バランスシート』」に実際に記入し、「固定費」「流動費」「貯金」の比率をはじき出してみてください。**

ちなみに「固定費」および「流動費」の定義の仕方はさまざまあるかと思います。今回の黄金比率の算出に際しては、「横山式『固定・流動バランスシート』」内に記した分類をベースにしていますので、まずはこれを参考に分類することをお勧めします。

さて、「実際に記入してみたら赤字体質の家計であることが発覚！」し、ガッカリするかもしれません。でも、**改善のポイントがわかりさえすれば、黒字体質の家計へと大逆転**することだって可能なのです。

本書ではまず「食費」から家計見直しを始めているように、できるところから手をつけていきましょう。

「固定費」はいったん削れば効果大です。

固定費は、毎月一定額が出ていく費用です。もし、この中に必要でないものが含まれていたらどうなるでしょうか。

惰性で自動車を所有し続けると……

たとえば、あるご家庭のこんな話があります。
子供たちが小さいとき、移動に便利で周りに気を使わなくていいからと、自動車を購入。ところが子供たちが大きくなると、子供たち自身が電車での移動を好むようになりました。
買い物などは近所にスーパーがあるから車を使う必要性がありません。でもなんとなく惰性で、自動車は買い替えたりして所有し続けていたのです。月に数回のドライブに出かけたりはしていたものの、それは「自動車を動かさなきゃいけないから」という理由が主でした。

こうなると、車のローン代、保険代、駐車場代など少なくないお金が、**ほとんど無駄になる形で毎月消えてなくなっていた**ことになります。

しかし、たとえば思い切って車を手放してしまいさえすれば、これまで家計にとってマイナスに働いていた分のお金は、毎月なんの苦労をせずともプラスに寄与することとなるわけです。

一度の手間暇を惜しまなければ長く節約効果が持続

つまり固定費は、**いったん見直しをして減額さえすれば、その後もずっと減額された状態が続く**という特性があります。ちょっとした見直しの効果が大きな節約につながるわけです。

たとえば、それまで毎月七〇〇〇円かかっていたスマホや携帯電話のプランを見直したら、毎月五〇〇〇円ですむようになったとします。すると、その後は節約の努力をしなくても、これまでより毎月二〇〇〇円のお金が浮き、一年で二万四〇〇〇円の利益効果を生みます。

こうした見直しを固定費全体に目を向けて行えばどうなるか……。

まずは、削れる固定費がないかに目を向けてみること

もちろん、すべての費目を見直すのは難しいでしょう。また、「何が得かを調べるのが面倒」だったり「手続きが面倒」と感じる部分もあるかもしれません。

しかし、日々の節約に頭を悩ませるのと比べ、一度手間暇をかければ長く効果が続くのですから、むしろ**「面倒が少ない」**と考えることもできるはずです。

「流動費」は〝気のゆるみ〟が大敵です。

毎月増減する流動費は、**気のゆるみが大敵**です。

たとえば、せっかく自炊中心の生活に切り替えた人が、あるときから仕事が忙しくなり、自炊が面倒になってしまって、昼食も夕食も外食中心になってしまうと、途端に食費は跳ね上がります。

「よその家と自分の家は別」とクールに切り離す

あるいは、ママ友からの情報で、「やっぱり有機野菜は子供の体にいいし、おいしいのよ」などと聞きつけ、定期宅配で届く食材に大半を切り替えたりすれば、これまた食費が跳ね上がるでしょう。

ほかの費目では、被服費、旅行などの娯楽費は、ちょっとしたきっかけでかさみがちとなります。

ただ、毎月洋服を三万円くらいずつ買っていた女性でも、「もう家に十分にあるんだから、買わない」と決めてしまえば、けっこうすぐに節約できたりするものなのです。

つまり、「気のゆるみの継続」は、「無意識の中での習慣」にすぎないわけです。

「お金をかけるのは当たり前」がメタボ家計を招く

怖いのは、「これくらいお金をかけて当たり前」「ほかの人だって月に一回は旅行に行っているのが当たり前でしょ?」という自分勝手な思い込み。

そういう人は、家計全体がそうした思い込みに支配されているので、家計全体がメタボになりがちです。

STEP 7

もっとお金を
貯めたいなら、
覚えておきたい
〝カンドコロ〟があります。

月一回の家族会議が有効です。

子供が小学校高学年、あるいは中学生や高校生になって、ある程度お金のことを理解し身の回りのことも自分でできるようになったら、**子供とも家計状況や〝一週間サイフ〟を共有すると**楽です。家族の理解は、なにより重要なのです。

子供も〝一週間サイフ〟を理解してくれると楽

子供たちが食事の準備や買い物を手伝ってくれるようになる例は、STEP5でも紹介しました。

両親が働いていて、両親ともに帰りが夜遅くなるなどということは、よくあることでしょう。

そんなときに、「〝一週間サイフ〟のお金を使っていいわよ。予算はいくらでね」と言うだけで、子供たちが夕飯を〝一週間サイフ〟からのお金で調達したり、翌日のお弁当代もそこから補ってくれたりしたら、どれだけ助かることか。

もちろん、「だいたいいくらの範囲内で」と伝えることや、実際に何を買ったのかなどは、レシートを必ず〝一週間サイフ〟に入れさせるようにして、都度報告をしてもらうようにすることが重要です。

子供たちは工夫を重ね知恵をつける

親の気遣いとしてご飯だけ炊いておいてあげれば、子供自ら「今日の晩御飯はこれにしよう」などといって、総菜を買ってきて食事をとってくれる。さらに進めば、自分でメニューを決め、材料も買ってきて、料理してくれる――、実際に、そんな例は少なくありません。

子供たちの進化は侮れないもので、慣れてくると「あの総菜店で弁当を買うくらいなら、何時以降にあの精肉店で割引になったステーキ肉を買い、青果店で野菜を買ったほうが安上がりで、満足できる食にありつける」などと、どんどん知恵がついてきます。

餃子を食べたいときには、**家族全員分の手作り餃子を焼いてふるまってくれたり**もします。

子供の金銭感覚も磨かれる

〝一週間サイフ〟を通して子供も、お金のやりくりを覚える勉強になるでしょうし、料理も工夫できる人間になるわけです。

つまり、**ルールさえ決めておけば、子供たちも面白がって節約**するのです。

「親がいない時に火や刃物を使うのが心配」という見方もたしかにあります。ですから、「ぜひ子供にも自分で料理を作らせるように」とは言いません。

ただ、安全面をいろいろ配慮し、危険な事柄を排除していったとしても、家計状況や〝一週間サイフ〟について、子供も巻き込んで家族で話し合うことにより、子供がいろいろと家計に貢献してくれるようになることは間違いありません。

家族全員で使えば〝一週間サイフ〟の効果はより高まる

月に一度、月末に家計簿の集計をしたら子供も交えての家族会議を開く。そこで、お金の使い方を家族間でしっかりと評価し合う。そして、**〝一週間サイフ〟は、家族全員がわかる場所に置いておき、家族全員で使う**――。

それを前提にして、家族内でのルールを作ってはいかがでしょうか。

家計を「消費・浪費・投資」の三つに分けて考えます。

STEP6では、家計を「固定費」「流動費」「貯金」の比率で分析する手法を紹介しました。

これ以外にも、赤字家計から脱出し、貯金生活を送るための目安となる、理想的な黄金比率があります。

「消・浪・投（ショー・ロー・トー）」の黄金比

それは**「消費＝七〇％」「浪費＝五％」「投資＝二五％」**という、**「消・浪・投（ショー・ロー・トー）の黄金比」**です。いずれも、月間の家計収入に占める比率を示しています。

「家計三分法」で
支出の3つの個性を知るべし!

※ 下記の配分は、年収800万円程度の場合を想定。

「消費」「浪費」「投資」という
支出の個性を意識しながら、
レシートをそれぞれの箱に入れていく。

消費 食費など生活に不可欠な支出
※ 年収1000万円以上なら、60〜65%程度に
→ 月収の **70%**

浪費 いわゆる無駄遣いの支出
※ 年収1000万円以上なら、3%程度に
→ 月収の **5%**

投資 主に貯蓄や資産運用など。自己啓発などの支出も含む
※ 年収1000万円以上なら、30%程度に
→ 月収の **25%**

↓

月1回家族会議

分類・配分が適正だったかなどを
見直して修正

消費とは、生活に不可欠な支出です。食費をはじめ生活日用品代、住居費、水道光熱費、医療費、交通費、教育費などが含まれます。

浪費とは、生活をしていくうえで「どうしても必要とまではいえない」ものにかかわる支出です。タバコやお酒などの嗜好品、小遣いの範囲を超えるような蒐集品、そのほか、さまざまな無駄遣いが含まれます。

投資とは、書籍や資格試験などの勉強にかかわる費用、セミナー参加費など、将来につながる自分磨きのための出費が一つ。もう一つは、貯金や資産運用など。二五%のうち、前者一〇%、後者一五%が目安となります。

三つの箱にレシートを入れていく

わが家における消・浪・投の比率を知るには、小さな箱など入れ物を三つ用意し、それぞれ「消」「浪」「投」のラベルを貼りつけ、そこにレシートを振り分けて入れていきます。

一カ月分のレシートすべてをどこかにまとめて置いておき、家族会議において全員で、それぞれに対し「消」か、「浪」か、「投」かを判断するのもいいでしょう。家族としての価値観を共有することにもつながります。

そして、すべての振り分けがすんだら、集計して割合を計算します。

「消・浪・投」を意識してお金を使えるようになる

重要なポイントは、このようにレシートを見返したり、家族で話し合ったりすることによって、消・浪・投をお金を使うときにも意識できるようになることです。

つまり、**無駄にお金を使うことが少なくなる**のです。たとえ浪費をするにせよ、それを意識してするのと、無意識のうちにするのとでは、お金を使う意義が全く違ってきます。

「消・浪・投」の黄金比実現は貯金生活のスタートライン

ところで、「消費＝七〇％」「浪費＝五％」「投資＝二五％」という、消・浪・投の黄金比は、収入によっても変わります。収入が多くなれば、消費と浪費の比率を引き下げ、投資、なかでも貯金や資産運用の比率を高めるのが妥当です。

また年金生活ともなれば、消費の比率が高まり、投資の比率が下がるのも当然のことでしょう。

ただ、いずれにせよ消・浪・投の黄金比を持続できれば、黒字家計として貯蓄ができることは間違いありません。この黄金比をスタートラインとして考え、着実に貯蓄を増やしていってください。

「使う」「貯める」「増やす」の三つの口座に分けて貯めましょう。

「食費を節約した分は貯蓄にまわしましょう」「家計の黒字化した分は貯蓄にまわしましょう」とはいうものの、ただ漫然と貯蓄をするのは得策ではありません。いったい何に備えての貯蓄なのかをそれぞれ明確にし、どのような形で貯金・運用するかを適切に振り分けることが重要です。

不意の出費にも備える「使う口座」

そこで「貯蓄」を、**「使う口座」「貯める口座」「増やす口座」の三段階に分けて**考えてみましょう。

「使う口座」と「貯める口座」は、使途がある程度わかっているものやいざというときに備えるためのお金です。

「増やす口座」は、老後など将来へ向けて備えるためのお金です。

まず「最低限の貯蓄」として貯めなければならないのは、「使う口座」として手取り月収の一・五カ月分、「貯める口座」として手取り月収の六カ月分プラスアルファです。

「使う口座」は、貯蓄というより決済口座に近い位置づけです。給料が入ったら即座に一カ月生活するためのお金を入れるだけでなく、前もってプラスアルファ分として〇・五カ月分を入れておきます。

この使う口座のお金で一カ月の消費支出を賄うとともに、冠婚葬祭などの急な出費や、突然の病気で医療にかかる費用、車や家の修理代などにも備えるわけです。

また、プラス〇・五カ月分の余裕があれば、ちょっとぜいたくをして食費や被服

「生活防衛資金」の確保が最優先。3つの口座でお金を増やせ!

STEP 1

使う口座

1カ月の生活費
(手取り月収の1カ月分)
・住居費、通信費、などの固定費
・食費、水道・光熱費などの流動費
・貯蓄や投資へまわすお金

＋

急な出費への備え
(手取り月収の0.5カ月分)
・冠婚葬祭費
・医療費
・家や車などの修理代

STEP 2

貯める口座

生活防衛資金
(手取り月収の6カ月分)

＋

想定される大きな出費への備え
・住宅購入の頭金
・自動車購入資金
・子供の入学金
・家族旅行の費用

STEP 3

増やす口座

- 国内株式
- 国内債券
- 外国株式
- 外国債券

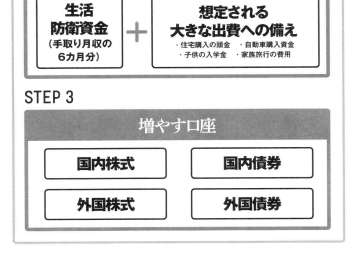

費を多く使った月でも、それを補えるという心理的余裕があることも大きなメリット。ただし、この〇・五カ月分に手を出した翌月には、うまくやりくりして、使う口座の金額を元に戻すよう努力してください。

生活防衛と大きな出費に備える「貯める口座」

「貯める口座」で最も重要となる部分は**「生活防衛資金」**としての手取り月収六カ月分のお金。これは急に仕事を失った、入院したなど、収入が途絶えたり減ったりしたときの備えとなります。

もちろん、六カ月分のお金さえあれば万全というわけではありません。しかし、六カ月分のお金があれば、新たな仕事を見つけられたり、体調が回復したりする可能性はそれなりにあるはず。なんとか、生活を立て直すきっかけにはなるだろうと見込んでの金額です。

これらに加え、住宅購入の頭金や自動車購入費、子供の入学金など、明らかに想定できる大きな出費に備えての貯金は、投資を考える前に「貯める口座」として確実に備えておきたいものです。

“守り”のお金が貯まったら、多少は“攻め”の運用も

「使う口座」と「貯める口座」にお金をしっかりと確保したら、はじめて**「増やす口座」**を考えます。デフレが続きゼロ金利の時代ではありますが（それどころか、マイナス金利が導入されたりすることもあるような時代ですが……）、やはり将来へ向けての物価変動やインフレにも備えたいもの。

手堅い運用をベースにリスクヘッジを図りながら、多少は利益を生む可能性のある投資を視野に入れてもいいのではないでしょうか。

〝一週間サイフ〟をもっと活躍させましょう。

〝一週間サイフ〟の使い方について、本書ではわかりやすく、かつ、管理しやすくするために「食費専用サイフ」を用意することを提案しました。

ただ、それだと食費以外の出費にも備えてサイフを二つ持ち歩かなければなりません。もしサイフの入れ口がいくつか用意されているのであれば、これらを**一つにまとめても大丈夫**です。

つまり、〝一週間サイフ〟用の入れ口とそれ以外の家計用で使い分けるわけです。ただし、原則として両者の間でお金を融通させないという決意が必要です。家計簿をつけられるようになってから移行するのが安全かもしれません。

“新・一週間サイフ”で
家計から出費するお金すべてを管理

週管理するお金以外の家計から出費するお金を入れておく。予備のお金もここへ。

「食費」のみ、または「食費＋生活日用品代」など、週管理するお金を入れる。

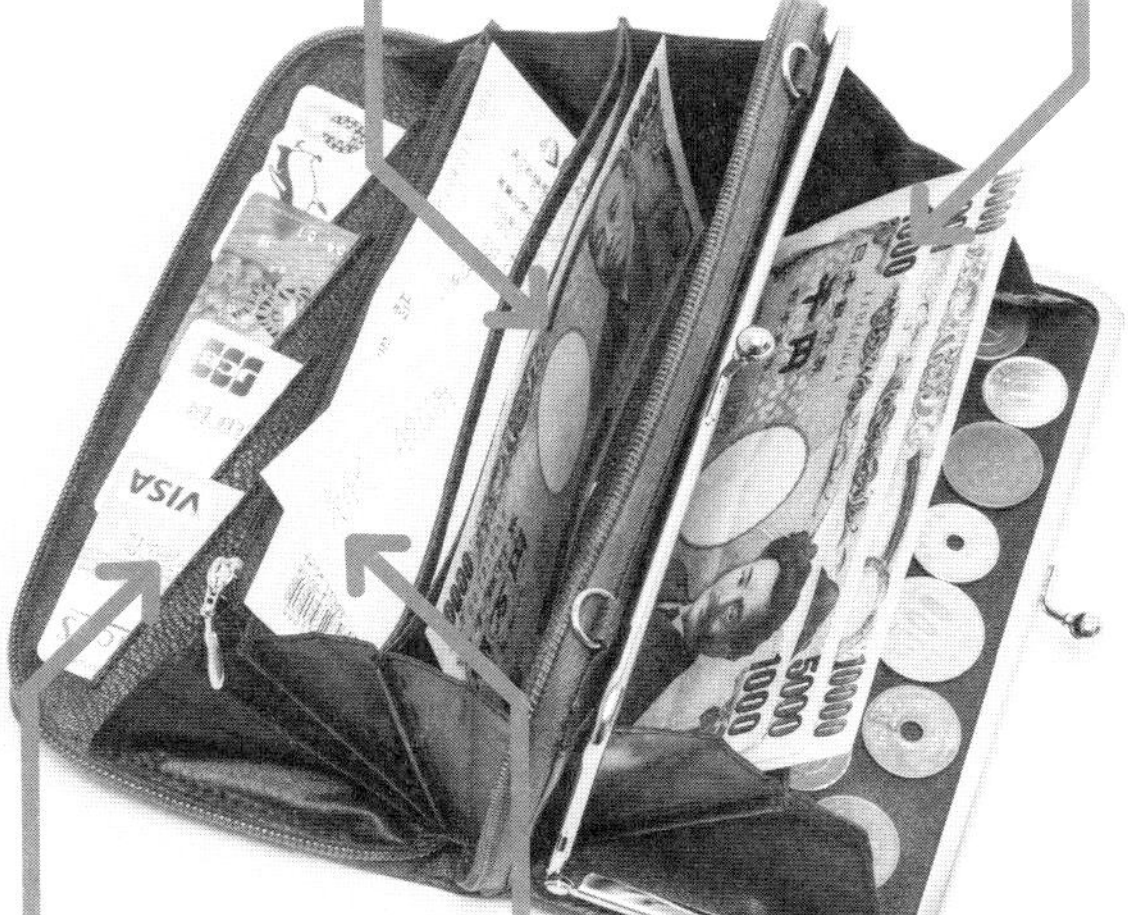

カードは原則使用禁止に。

家族で共用するなら、レシートを入れることをルールに。レシートがない場合は手書きのメモを。

家計全体を管理するなら「食費」の定義を変更しても

ところで、ここまで「食費」として定義する範囲をかなり広めにとってきた読者もいるかもしれません。

しかし、自炊中心へと食費の改善が進み、家計簿をつけて管理していこうという家計なら、**費目の見直し**を行うのも一つの方法です

たとえば、夫が仕事先で昼食などを外で食べる場合などは「小遣い」から出してもらう、家族でレジャー施設に行って食事をした場合は「娯楽費」にする、夫婦で宴会などに参加した場合は「交際費」にする、などといった形です。

自炊が主体になっていればサイフを共用できる

ただし、これは自炊分とそれ以外を分けることが目的ですので、自炊が主軸に

なっていないと意味合いが薄れてしまいます。

〝新・一週間サイフ〟（実際には、月管理のお金も入れます）が、「自炊の食費分」＋「生活日用品代」＋「家計から出費するその他のお金」と位置づけられれば、子供も含めた家族全員でそのサイフを共用できます。

それ以外にかかるものは、各人が「小遣い」としてお金を持てばいいわけです。

家計の出費はすべて〝新・一週間サイフ〟から

食費専用〝一週間サイフ〟を卒業したら、ぜひ、家計全体を管理する〝新・一週間サイフ〟を活用してください。

〝浪費サイフ〟を作るのもいいものです。

STEP5で、節約をした自分へのご褒美として、予算金額より残った分のお金を**「浪費サイフ」**にまわし、うまく息抜きしている方の例を紹介しました。

おそらく、浪費サイフの中身は少額でしょうが、なんの気兼ねもなく使えるお金があることは精神的にもゆとりを生みます。

より積極的に浪費サイフにお金を入れたいなら、**サイフの中に小銭が多くなったなと感じたら浪費サイフに**入れましょう。

それくらいのお金なら、家計に打撃を与えることも少ないはず。むしろ、そのお金で「浪費をしたぞーっ！」という実感が得られれば、本当に注意しなければならならない無駄な浪費を防げるはずです。

CASE STUDY

お金に困っていたのに「貯金生活」ができるようになった七つの実践例です。

※家計診断事例は、雑誌『プレジデント』の特集記事として掲載された内容に加筆・修正し、再構成したものです。

実践者が教えてくれるヒント集

お金の事情は各家庭それぞれに異なり、お金に対する価値観もそれぞれに異なります。ですから、家計再生への取り組みも千差万別であることは当然です。

どんな家計でも赤字になる危うさがある

ただ、その取り組みの一部を切り取ると、ほかの人の実践例が自分自身の家計再生にも役立つヒントになることがあります。そうしたヒントをいかに上手く取り入れていくかも、無駄遣いをせず貯金生活に結び付けていく秘訣です。

これから紹介する七つの家計再生例は、いずれも特殊な事情がある事例のように見えるかもしれません。ところが、よくよく見てみると、どんな家計でも赤字に陥りかねない危うさがあることを教えてくれるものでもあります。

完璧な節約を目指さなくてもいい

また、家計再生への取り組みにおいては、必ずしも、何から何まですべてを見直したわけではないところも注目されます。どうしても妥協できない出費の抑制はほどほどにし、それ以外のところで、できるだけの努力をしているというケースが多々あるのです。

さらに、そうした一〇〇%を目指すわけではない姿勢の中でも、各家庭がいくつかのルールを決め、そこだけはうまく実践しようとする姿も浮かび上がってきます。

七つの事例の中からは、貯金生活へ向け、役立つヒントが一つや二つは見つかるでしょう。実践例のすべてを真似する必要はないのです。

CASE 1

よき妻を演じて「こだわり料理」で食費膨らむ

【豊岡家(仮名)の相談時のプロフィール】

・夫(三七歳・設計事務所勤務)、妻(三四歳・専業主婦)、長男(三歳)

・夫のボーナスは決算賞与のみ

・貯蓄額は二九〇万円

豪華な食べ物が並ぶ食卓を演出するのは妻の役目!?

毎食五品の料理がずらりと並び、朝食にはなんとフルーツの盛り合わせも。しかも、宅配便で定期的に有機野菜を取り寄せるなど、こだわりの食材しか使わない。外食をするときも、ファストフードやファミレスはNG。低糖質料理やアンチエ

豊岡家の毎月の収支

	Before		After	増減額	
夫の手取り月収	343,000		343,000	0	
妻の手取り月収	0		0	0	
世帯収入合計	343,000		343,000	0	
住居費・駐車場代	75,000		75,000	0	
食費	122,000	→	60,000	-62,000	①
水道・光熱費	23,000		23,000	0	
通信費	15,000	→	7,000	-8,000	②
生命保険料	0	→	12,000	+12,000	③
自動車関連費	0		0	0	
生活日用品代	16,000	→	10,000	-6,000	④
医療費	2,000		2,000	0	
教育費	4,000		4,000	0	
交通費	5,000		5,000	0	
被服費	6,000		6,000	0	
交際費	4,000		4,000	0	
娯楽費	18,000	→	8,000	-10,000	⑤
小遣い	45,000		45,000	0	
嗜好品代	2,000	→	2,000	0	
その他	6,000		6,000	0	
支出合計	**343,000**	→	**269,000**	**-74,000**	
固定費	40.5%	→	41.7%		
流動費	59.5%	→	36.7%		
貯金	0.0%	→	21.6%		
毎月の収支差額	0	→	74,000	+74,000	

※ 改善ポイントの①〜⑤は本文の最後で解説しています。

イジング料理を売りにするレストランなど、健康にこだわりのあるレストランばかりを選ぶ。

「体は食べた物からできている。家族にいい食事をしてもらうことこそが、主婦の役目」——専業主婦だった豊岡さんの妻はそう思い込んでいた。

結果、夫婦と三歳の子供だけの暮らしなのに、食費は月額一二万円以上。手取り月収が三四万円であることを考えれば、いくらなんでも使いすぎ。毎月の収支も赤字を出さないのがやっとの状態。不意の出費には、独身時代の貯蓄やたまに出る決算賞与をあてにするしかない。

余裕のある〝一週間サイフ〟で食費と生活日用品代を改善

そこでアドバイスしたのが、妻としての家族への想いや家計について、ストレートに夫に打ち明けること。

すると夫は「食事は質素なほうがむしろ体にいいんじゃない？　貯蓄が増えたほうが嬉しいな」と拍子抜けするような答えを返すではないか。妻は、「今までの苦労は……」などと後悔する気にもなれず、いい意味で吹っ切れた。

とはいえ、習慣を変えるのは容易でない。だから、一カ月を五週間と考え、食費を週あたり一万二〇〇〇円で予算管理する方法を導入。一カ月の中には週七日ない週もあるので、そうした週は少し余裕を感じられる仕掛けだ。

最初は週二万円から始め、段階的に下げた。豊岡さんのような家族構成と収入額の場合、食費は月収の一五％程度が妥当。節約するなら月五万円となるが、現在の月六万円は継続しやすい無理のない額だろう。

なお、生活日用品も、たとえば高級ティッシュを購入するなど、ややもすると支出が増え気味だったので、こちらは週二〇〇〇円×五週分を一カ月の予算とするようにした。

豊岡家の家計改善のポイント

【①食費】 段階的に削減し、週一万二〇〇〇円×五週分で一カ月の食費を管理できるようになった。

【②通信費】 夫婦のスマホ計二台は、二年しばりが切れるのを機に格安スマホに変更。

【③生命保険料】 小さい子供がいることを考え、収入保障保険に新規加入。

【④生活日用品代】 週二〇〇〇円×五週分で一カ月分を管理。安売りに飛びつく習慣も修正。

【⑤娯楽費】 休日に外出せず、家で、家族そろって遊ぶ方法も取り入れる。

CASE 2

袋分け管理に失敗！要領の悪い妻が家計をメチャクチャに

【田畑家（仮名）の相談時のプロフィール】
・夫（三九歳・会社員）、妻（三九歳・契約社員）、長女（一一歳）、長男（八歳）
・夫のボーナスは夏七二万円、冬七二万円
・貯蓄額は三六〇万円

家計簿も毎日つけ、収入アップを目指し働きに出たものの……

田畑さんの妻は、誰もが認める頑張り屋さん。家事にも、子育てにも一生懸命で、常に忙しく過ごしている。

節約意識も高く、月々の予算を立てたら費目ごとに袋分けしてお金を入れ、毎日の家計簿もつけていた。

ただ、残念なことに、自分自身が作り出しているとも見えるその忙しさが、しばしばキャパシティオーバーを招いた。

そんなある日、「家計が厳しいのは収入が足りないから」と考えた妻は、契約社員としてフルに働き始めた。ところが「忙しいから」を言い訳に支出も増えていった。食事は外食したり総菜を購入したり。洗い物は食洗機に、洗濯は乾燥機に頼るなど、家事補助機器を乱用して水道・光熱費まで以前よりかかるようになったのだ。

管理・運用がしっかりしていればよかったのだが……

そんな状況だから、家計管理もメチャクチャ。予算通りにお金を袋分けしても、「入っているところから使う」という始末。家計簿もつけたりつけなかったりと、無

田畑家の毎月の収支

	Before		After	増減額	
夫の手取り月収	294,000		294,000	0	
妻の手取り月収	176,000	→	148,000	-28,000	
世帯収入合計	470,000	→	442,000	-28,000	①

	Before		After	増減額	
住居費・駐車場代	85,000		85,000	0	
食費	106,000	→	73,000	-33,000	②
水道・光熱費	34,000	→	28,000	-6,000	③
通信費	25,000		25,000	0	
生命保険料	32,000		32,000	0	
自動車関連費	0		0	0	
生活日用品代	13,000	→	7,000	-6,000	④
医療費	3,000		3,000	0	
教育費	28,000		28,000	0	
交通費	14,000	→	6,000	-8,000	⑤
被服費	9,000	→	4,000	-5,000	⑥
交際費	5,000		5,000	0	
娯楽費	25,000	→	10,000	-15,000	⑦
小遣い	50,000		50,000	0	
嗜好品代	17,000	→	8,000	-9,000	⑧
その他	16,000		16,000	0	
支出合計	**462,000**	→	**380,000**	**-54,000**	

	Before		After
固定費	46.8%	→	49.8%
流動費	51.5%	→	36.2%
貯金	1.7%	→	14.0%

	Before		After	増減額
毎月の収支差額	8,000	→	62,000	+54,000

※ 改善ポイントの①〜⑧は本文の最後で解説しています。

意味な忙しさを増やすだけだった。
これでは、せっかくの頑張りがもったいない。そこで、〝一週間サイフ〟で管理する方法を試してもらった。

〝一週間サイフ〟なら実行できた！

まずは、家族が一週間生活するうえで、少し余裕のある金額を決め、月曜日にお金をサイフに入れる。木曜日に半分以上が残り、日曜日に一〇％が残ることを理想とする。余ったお金は貯蓄にまわす。たったこれだけ。田畑さんの妻も「これでいいの？」と驚きつつも、うまくやりくりできている。

また、子供と接する時間が減り、「何のために働いているのだろう？」と疑問を持った妻は、フルタイムの契約社員から週四日のパートタイムに変更した。収入は減ったが時間と心にゆとりができ、家事や子育て、そして家計にもいい影響を及ぼしているという。

田畑家の家計改善のポイント

【①手取り月収】収入を減らしても時間を確保。結果、よりお金が余るように。

【②食費】頻繁な総菜購入を改めできるだけ自炊。

【③水道・光熱費】食洗機・洗濯乾燥機など、家事補助機器を乱用していたが見直した。

【④生活日用品代】「安いから」と言っては買い置きしがちだったが、必要な分だけを買うように。

【⑤交通費】多かったタクシー利用を減らす。

【⑥被服費】「面倒くさい」と言っていたアイロンがけをクリーニング店任せにせず自分でするように。

【⑦娯楽費】子供とのお出かけを、お金がかからないように。

【⑧嗜好品代】夫が節酒。

CASE 3

高所得なのに老後資金ゼロ。カードから現金主義に

【小塚家(仮名)の相談時のプロフィール】

・夫(五一歳・会社役員)、妻(五一歳・フリーライター)、長男(一九歳)、次男(一六歳)

・夫のボーナスは夏一三〇万円、冬一三〇万円

・貯蓄額は七〇〇万円(うち六〇〇万円は株式)

世帯年収二一〇〇万円は一体どこへ消える?

会社役員の夫は手取りで年収一〇〇〇万円以上。妻もライターの仕事で年一〇〇万円ほどの収入がある。

小塚家の毎月の収支

	Before		After	増減額	
夫の手取り月収	645,000		645,000	0	
妻の手取り月収	83,000		83,000	0	
世帯収入合計	728,000		728,000	0	

	Before		After	増減額	
住居費・駐車場代	152,000		152,000	0	
食費	149,000	→	82,000	-67,000	①
水道・光熱費	36,000	→	32,000	-4,000	②
通信費	45,000	→	31,000	-14,000	③
生命保険料	67,000	→	42,000	-25,000	④
自動車関連費	15,000	→	13,000	-2,000	⑤
生活日用品代	15,000	→	10,000	-5,000	⑥
医療費	2,000		2,000	0	
教育費	46,000		46,000	0	
交通費	18,000		18,000	0	
被服費	12,000		12,000	0	
交際費	23,000	→	15,000	-8,000	⑦
娯楽費	5,000		5,000	0	
小遣い	95,000		95,000	0	
嗜好品代	7,000		7,000	0	
その他	33,000	→	21,000	-12,000	⑧
支出合計	**720,000**	→	**583,000**	**-137,000**	

	Before		After
固定費	55.6%	→	50.3%
流動費	43.3%	→	29.8%
貯金	1.1%	→	19.9%

	Before		After	増減額
毎月の収支差額	8,000	→	145,000	+137,000

※ 改善ポイントの①～⑧は本文の最後で解説しています。

ところが蓄えの七〇〇万円のうち六〇〇万円は価格下落によって塩漬け状態となっている個別銘柄株。いざというときに使えるお金は一〇〇万円しかない。

しかも五一歳の夫は、五五歳で役職定年を迎えることが決まっており、それ以降は収入が大きく減る。現在、大学一年と高校二年の子供たちの学費がかかることを考えると、老後資金はゼロに等しい。

楽天的な妻の浪費癖が大問題

まず見直してもらうべきは、妻の浪費癖だった。高収入家庭にありがちな「毎月必ずまとまったお金が入ってくる」という安心感から、後先考えずにお金を使っていたのだ。それを助長していたのは、クレジットカードなど現金以外の決済手段。お金を使っている意識を薄めさせていたわけだ。

頻繁に外食し、日用品から子供の洋服まで好き放題に買いまくり。スマホで楽しむマンガ、小説、ゲームはいくらかかっているのかわからない。通販サイトではワンクリックの買い物も楽しむ。

しかもボーナスは、大学生の長男の学費、家電の買い替え、固定資産税、自動車保険などで消えていた。

まだ、月に一〇万円以上の貯蓄はできるはず

これを改めるには、現金主義に変更してもらうほかない。一週間分の食費、生活日用品代など必要となるお金だけをサイフに入れ、それ以上のお金は使わないという方法だ。さらに、ボーナスにもできるだけ頼らず、月収の中でやりくりできるよう予算を組み立て直した。

小塚さんの高い収入を考えれば、本来なら固定費も流動費もそれぞれ理想割合の「四五％」「三五％」よりずっと低くてもおかしくない。毎月の支出は大きく改善した

ものの、あと十数万円は削れるポイントがありそうだ。

小塚家の家計改善のポイント

【①食費】現金主義の週管理により外食全般を控える。子供の学食代も抑えるため、可能な限り弁当持参に。

【②水道・光熱費】節水・節電グッズを取り入れた。

【③通信費】長男のスマホ代は本人がアルバイトをして支払う形に変更。

【④生命保険料】保障内容を見直し。

【⑤自動車関連費】ガソリン代を節約。

【⑥生活日用品代】現金主義による週管理を導入。

【⑦交際費】飲み会参加を控える。

【⑧その他】衛星放送契約の解約、ペット代の削減など。

CASE 4

妻が小遣いをブラックボックス化、あきれたヘソクリ

【北島家（仮名）の相談時のプロフィール】

・夫（三五歳・会社員）、妻（三四歳・専業主婦、妊娠中）
・夫のボーナスは夏三九万円、冬三九万円
・貯蓄額は八〇万円

毎月必ず数千円の赤字が出る

毎月数千円レベルではあるけれど、必ず赤字になってしまうという北島さん。「貯蓄を少しずつ切り崩しているが、底をつきかけている」という妊娠中の妻が、「私はお小遣いをもらっていないほど節約しているし、もう削れるところがないんで

す」と相談に駆け込んできた。

聞けば、雑誌や本を読んで節約に関する勉強はしていたようで、食費や生活日用品代などはうまくやりくりし、夫の小遣いも厳しく制限していた。

「被服費」「交際費」「娯楽費」に妻の小遣い分が隠れていた

ところが被服費、交際費、娯楽費を見ると支出が多めで、アンバランスに見える。改めて聞き直すと、いずれも妻にかかる支出、つまり本来は妻の小遣いから出すべき支出が含まれていたのである。

被服費は、妊婦であるためマタニティドレスなどにお金がかかる部分は仕方がないとしても、「赤ちゃんのため」といいつつサイフのひもが緩みがちに。妊婦仲間とのランチやカフェ代、さらには妻が楽しむ雑誌代も、交際費や娯楽費といった家計から区別なく使っていた。夫の小遣いには厳しいわりに、実態は、それ以上に妻の小遣いのほうが多かったというわけだ。

北島家の毎月の収支

	Before	After	増減額	
夫の手取り月収	267,000	267,000	0	
妻の手取り月収	0	0	0	
世帯収入合計	267,000	267,000	0	

	Before		After	増減額	
住居費・駐車場代	40,000		40,000	0	①
食費	39,000	→	34,000	-5,000	②
水道・光熱費	18,000		18,000	0	
通信費	14,000	→	9,000	-5,000	③
生命保険料	4,000	→	8,000	+4,000	④
自動車関連費	37,000	→	27,000	-10,000	⑤
生活日用品代	6,000		6,000	0	
医療費	10,000		10,000	0	
教育費	7,000		7,000	0	
交通費	6,000		6,000	0	
被服費	15,000	→	5,000	-10,000	⑥
交際費	17,000	→	5,000	-12,000	⑦
娯楽費	23,000	→	6,000	-17,000	⑧
小遣い	26,000	→	50,000	+24,000	⑨
嗜好品代	0		0	0	
その他	8,000		8,000	0	
支出合計	**270,000**	→	**239,000**	**-31,000**	

	Before		After
固定費	34.1%	→	42.7%
流動費	67.0%	→	46.8%
貯金	-1.1%	→	10.5%

	Before		After	増減額
毎月の収支差額	-3,000	→	28,000	+31,000

※ 改善ポイントの①〜⑨は本文の最後で解説しています。

実態は消費型のヘソクリ!?

ヘソクリの変則版ともいえるこうした事象を「妻の小遣いのブラックボックス化」と呼ぶ。お金の管理があやふやになって、浪費が発生しやすい。

解決策は明らか。家計と個人で使うお金を切り分けること。つまり、妻にも小遣い制を導入することである。

北島さんの妻の場合、小遣いを月一万円に設定してやりくりすることにした。

あわせて、自動車関連費が負担になっていたが、これは夫の仕事上どうしても必要とのこと。そこで、夫の小遣いが少なかったこともあり、それを二万六〇〇〇円から四万円に引き上げ、およそ一万円かかっていたガソリン代は、そこに含める形にした。ガソリン代が少ないほど夫の小遣いが増えるという仕組みだ。

夫はそれまでガソリンを「満タン」で入れていたが、「五〇〇〇円分」ずつ入れるようにしたら、月に一万円もかからなくなったという。

北島家の家計改善のポイント

【①住居費】会社が賃貸家賃の一定額を負担してくれるので、この金額で収まっている。

【②食費】主に菓子代を減らす。

【③通信費】妻はスマホからガラケーに変更。

【④生命保険料】これから生まれる子供のことを考え、掛け捨ての夫の共済保険をやめ、収入保障保険に加入。

【⑤自動車関連費】ガソリン代は夫の小遣いから出すことに。

【⑥被服費】【⑦交際費】【⑧娯楽費】多くを占めていたのが、本来なら妻の小遣いから支払う分。妻の妊婦仲間などとの付き合いで出ていくお金が多かった。これを妻の小遣いから出すように変更。

【⑨小遣い】夫は二万六〇〇〇円から四万円にアップする代わりに、ガソリン代を負担。妻は新たに一万円の小遣い制に。

CASE 5

晩婚晩産の親バカ家計を家族会議が救う

【長尾家（仮名）の相談時のプロフィール】

・夫（四五歳・自営業）、妻（四六歳・会社員）、長女（九歳）
・妻のボーナスは夏四九万円、冬四九万円
・貯蓄額は一八〇〇万円

二〇年後、六五歳までのライフプランをシミュレーションしたら……

「そんなバカな⁉」――長尾さん夫妻がそろって驚きの声を上げたのも無理はない。四五歳の夫が六五歳になるまで、どれくらい世帯収入・支出があり、どれくらい貯蓄が残るかというライフプラン・シミュレーションをしたら、〝家計崩壊〟の現実を

長尾家の毎月の収支

	Before		After	増減額	
夫の手取り月収	420,000		420,000	0	
妻の手取り月収	330,000		330,000	0	
世帯収入合計	750,000		750,000	0	
住居費・駐車場代	180,000		180,000	0	
食費	110,000	→	69,000	-41,000	①
水道・光熱費	34,000	→	28,000	-6,000	②
通信費	28,000		28,000	0	
生命保険料	62,000	→	35,000	-27,000	③
自動車関連費	20,000		20,000	0	
生活日用品代	10,000	→	7,000	-3,000	④
医療費	6,000		6,000	0	
教育費	120,000	→	97,000	-23,000	⑤
交通費	20,000		20,000	0	
被服費	47,000	→	17,000	-30,000	⑥
交際費	18,000		18,000	0	
娯楽費	16,000		16,000	0	
小遣い	59,000		59,000	0	
嗜好品代	0		0	0	
その他	36,000	→	28,000	-8,000	⑦
支出合計	**766,000**	→	**628,000**	**-138,000**	

固定費	59.9%	→	53.2%
流動費	42.3%	→	30.5%
貯金	-2.1%	→	16.3%

毎月の収支差額	-16,000	→	122,000	+138,000

※ 改善ポイントの①〜⑦は本文の最後で解説しています。

突き付けられたのだから。

負債額が四〇〇〇万円にまで膨れ上がる!?

具体的には、こうだ。夫妻がいま考えているライフプランのまま生活していくと、六年後の夫五一歳時には、なんとマイナス約四〇万円の負債超過になり、二〇年後の六五歳時には、それが約四〇〇〇万円に膨れ上がるというのだ。

大きくのしかかってくる支出は、子供の教育費。現在、私立小学校に通っているため、その学費も負担になっているほか、今後も私立の中高一貫校へ通わせ、大学も私立を想定しているという。また収入面では、五〇代半ば頃と六〇歳頃に大幅に引き下げられると想定して計算したものだ。

じつは、長尾家のようなシミュレーション結果となりかねない家庭は珍しくない。

キーワードとして浮かび上がってくるのは「晩婚・晩産」そして「ひとりっ子」である。

「貯め期」と「教育費」がかかる時期が重なると老後資金がが手薄に

まず、長尾家のように三十代前半で結婚し、三十代半ばで出産するなどという話は、ごく普通にある。晩婚・晩産と呼ぶのはしのびない。だが、老後資金の「貯め期」と子供の「教育費」がかかる時期が重なってしまうことを考えると、ややタイミングが遅い。

もし、二十代後半までに子供を出産していれば、五〇歳頃には子育てが終わる。家の中には必要なものも買いそろっていて、給料もそこそこ上がっているから、五十代は老後資金を貯める時期としてフル活用できる。

だが長尾さんの場合、娘が大学を卒業し独立するのは六〇歳目前のとき。しかも定年延長に伴い、収入が五五歳からは今の八割程度、六〇歳からは今の六割程度にまでダウンする見込みという。

そうなると、今から老後資金を貯めていかねばならない。ところが現状は、毎月二万円近い赤字家計。一時は五〇〇万円ほどあった貯金も二〇〇万円を切っていた。

「教育費」以外にも無駄遣いが多かった

一方、長尾家の手取りの世帯年収は一〇〇〇万円ほど。本来、多少の浪費をしても毎月貯蓄にまわす十分なお金ができていいはずだ。

そこで話を聞いてみると、どうやら分不相応に子供にお金をかけている現状が浮かび上がってきた。多くの場合、「ひとりっ子」家庭では、子供にお金をかけすぎる。しかも長尾家の場合、二年ほどの不妊治療の末に授かった、待望の子供であり、溺愛ぶりはさらに度を越していた。

ベビーグッズや服は山ほど買いそろえ、子供が「やりたい」と言った習い事はすべてやらせた。

ただ、そうした子供にかけるお金以外にも、全体に浪費傾向があるとも想定された。高額所得家計にありがちなことだ。

家族会議で「ショー・ロー・トー」を評価

家計をより良い方向へ持っていくには、夫妻の視点を変えてもらうしかない。具体的には一二四ページから紹介している「家計三分法」の考え方を提案した。お金を何のために使ったかを意識してもらうのが目的だ。

分類は「消費」「浪費」「投資」(ショー・ロー・トー)の三つ

お金を使ったら、レシートを「消費」「浪費」「投資」それぞれの箱に入れていく。

そして月に一回、月末などに家族会議を開き、分類の仕方は適切か、見直した結果の配分率はどうか、などを確認。たとえ子供の教育のためにかかっている費用とされているものでも、例外なくこの審判を受ける。

だからこそ、会議には子供も参加する。

習い事のハードスケジュールから解放され子供も喜ぶ

その結果、まず子供の習い事はジュニア英会話、レゴ教室、ピアノ教室、体操教室とあったが、ピアノと体操はやめて、英会話はタブレット端末を使う通信式のものに変更した。さまざまな教室に通う時間や労力が減り、子供も親も喜んでいるという。

また「子供にはいいものを食べさせたい」と考え、有機野菜の宅配サービスも利用していた。ところが、食べきらないうちに次の商品が届くなど無駄が多く、これを改めた。

ほかにも生命保険を見直し大きく支出を削ったが、被服費と理美容費の高さも気になるところだった。

被服費は、子供にかかる部分も少なくなかったが、どうやら妻にかかる部分も多いとのこと。

しかも、その背景には「妻にはいつまでも美しくいてほしい」という夫の願いがあった。当初、夫はこれを削ることに否定的だったが、家族会議を経て、見直すことに了承した。

これでようやく長尾家は、毎月一〇万円以上の余剰金が生まれ、年間約一〇〇万円のボーナスの多くを貯蓄へまわせることになる。今後も「消費」「浪費」「投資」を冷静に判断できれば、〝家計崩壊〟とはならないだろう。

長尾家の家計改善のポイント

【①食費】子供のために有機野菜の取り寄せなどをしていたが、食べずに捨てることもしばしば。無駄を控えた。

【②水道・光熱費】「点けっぱなし」「出しっぱなし」など無駄を排除。

【③生命保険料】夫婦でワンパッケージの終身保険に入っていたので、収入保障保険や医療保険などに変更。学資保険はそのままに。

【④生活日用品代】「子供のためにより良いものを」という行きすぎを修正。

【⑤教育費】子供の学校費八万円、習い事代四万円がかかっていたが、子供と相談して習い事の数と内容を見直し。

【⑥被服費】【⑦その他】「常に美しい妻でいてほしい」という夫の考え方を改める。「その他の支出」に含まれていた理美容費も削減。

CASE 6

いきなり降りかかってきた「親の介護」をどう乗り切る!?

【岩木家(仮名)の相談時のプロフィール】

・夫(四六歳・会社員)、妻(四六歳・専業主婦)、長男(一七歳)、次男(一五歳)、夫の父(七五歳)

・夫のボーナスは夏五五万円、冬五五万円

・貯蓄額は二四〇万円

老人ホームに入ったはずの父が退去してきた……

突然他界した母。子供たちは、遺された七五歳の父の様子が気になり、忙しい合間をぬってはその元へと足を運んでいた。

そんなある日、父は「これ以上子供たちに迷惑をかけるわけにはいかない」と言い、有料老人ホームへ入居することになった。

ところが父は、入居者としばしばトラブルを引き起こす。そこで、施設・父・子供たちの三者で話し合った末、老人ホームを退去することになった。

お金がほとんどなくなった老親

だが、自分の家を手放していた父は帰るところがない。それに貯蓄のほとんどを入居一時金として老人ホームに支払ったので貯蓄もない。退去するときも、そのほんの一部しか戻ってこなかったというのだ。

誰が父の面倒を見るのか――子供たち三人で話し合うことになったが、「長男だから俺が引き受けるよ」、そんな安請け合いで話は決着した。そして、ほかの二人は毎

岩木家の毎月の収支

	Before		After	増減額	
夫の手取り月収	370,000		370,000	0	
(兄弟や父から)	40,000	→	110,000	+70,000	①
世帯収入合計	410,000	→	480,000	+70,000	
住居費・駐車場代	98,000		98,000	0	
食費	82,000	→	70,000	-12,000	②
水道・光熱費	45,000	→	42,000	-3,000	③
通信費	42,000	→	12,000	-30,000	④
生命保険料	28,000		28,000	0	
自動車関連費	7,000		7,000	0	
生活日用品代	21,000	→	17,000	-4,000	⑤
医療費	40,000		40,000	0	⑥
教育費	30,000		30,000	0	
交通費	3,000		3,000	0	
被服費	5,000		5,000	0	
交際費	6,000		6,000	0	
娯楽費	3,000		3,000	0	
小遣い	52,000	→	42,000	-10,000	⑦
嗜好品代	7,000		7,000	0	
その他	15,000		15,000	0	
支出合計	**484,000**	→	**425,000**	**-59,000**	
固定費	61.0%	→	43.8%		
流動費	57.1%	→	44.8%		
貯金	-18.0%	→	11.5%		
毎月の収支差額	-74,000	→	55,000	+129,000	

※ 改善ポイントの①〜⑦は本文の最後で解説しています。

月二万円ずつ、計四万円の援助をすることになったのだ。

介護の負担が重くのしかかる

かくして岩木家には夫の父がやって来た。とはいえ、夫は仕事が忙しくて父の面倒など見られない。妻だって仕事をしていたが、結局は妻が何かと世話をすることになった。

ところが、父は母を亡くして以降、精神的な張りがなくなったためか、体力低下が日に日に目立つようになり、介護を要する部分も生じ始めていた。そうなると、仕事を持ちながら父の世話をするのは、妻も厳しい。結局、妻は仕事を辞めざるを得なくなったのである。

収入減、支出増で家計は追い込まれ

これが家計には大きく響いた。なぜなら、妻が稼いでいた月一〇万円の収入があればこそ、父を支えられると考えていたのだから。

支出も想定より増えていった。たとえば食費。父は和食を中心とした薄味を好み、一七歳と一五歳の息子たちはまさに食べ盛りで肉食を好む。結局、二種類の食事を用意しなければならない。

意外にかかると判明したのが水道・光熱費。冷暖房は二四時間使いっぱなし。しかも「安全で、体をやさしく温めてくれるから」とオイルヒーターを入れると、コストはさらに跳ね上がる。介護入浴などでお湯も多く使いがち。

もちろん、紙おむつや介護ベッドなど、介護に直接かかる費用も増え、医療費もかさむ。

収入が減って支出が増える。いろいろ節約の努力をしても、毎月七万円を超える赤字。岩木さんが初めて相談に来たときは、そんな状況だったのだ。

父に我慢を強いることもできず……

たしかに、増えた食費を改善しようとしても、父に「我慢してください」とは言えない。食事については、時には子供たちにも薄味の和食に付き合ってもらうとか、外食を控えるといった程度の対策しかできないだろう。

水道・光熱費についても、父以外の家族がふだんの使い方を見直して、少しでも節約するしかない。

そこで岩木家の家計簿をよく見てみると、通信費が高い。夫のスマートフォンは仕事の都合上変更できないということだったので、固定電話とインターネットプロバイダは解約し、ほかの家族は格安ＳＩＭを利用することにした。

また小遣いについては、妻が「私は仕事を辞めたので、五〇〇〇円引き下げてもいい」と切り出した。これを受けて夫も「ありがとう。俺も五〇〇〇円減らそう」と協力を申し出た。

親族と父本人に支援負担の追加を率直に申し出る

ただ、ここまで挙げた方策だけでは不十分。そこで岩木さんは、弟たちと腹を割って話をすることにした。妻が仕事を辞めて収入が減ったこと、父の面倒を見るためにお金がかかっていること。支出が増えた分については、以前と今の違いを、領収証などを提示して丁寧に説明した。

すると弟たちは、快く援助金の引き上げに応じてくれた。月四万円ずつ、計八万円を提供してくれるという。その約束は書面にもしてくれた。

同様に、父にも「お金を少し出してほしい」とお願いした。父はわずかに残る貯蓄と少額の年金から月三万円を出してくれることになった。

これで岩木家の家計は、なんとか急場をしのいだ形だ。資金を援助してくれる兄弟が二人もいたからまだよかった。貯蓄・年金のない老親を支えるのは簡単ではない。子供たちにその負担をかけないよう、せめて自分たちの準備はしっかりしておきたい。

岩木家の家計改善のポイント

【①収入】相談時は兄弟二人から計四万円を援助してもらっていたが、それを計八万円に変更。父親にも三万円出してもらうことに。なお、相談前は妻の収入が一〇万円ほどあった。

【②食費】食べ盛りで肉食中心の子供たちと、薄味・和食中心の夫の父親。常に二種類を用意していたが、折り合いがつく部分は互いに妥協するようにした。

【③水道・光熱費】無理のない範囲内で使い方を見直した。

【④通信費】固定電話とインターネットプロバイダは解約。携帯電話は格安SIMに変更。

【⑤生活日用品代】介護用の消耗品も含むので、夫妻と子供たち用の物をできるだけ節約。

【⑥医療費】父の介護費用（自己負担分）が中心だが、父がさまざまな病院にかかる頻度も増えている。

【⑦小遣い】かつては夫三万五〇〇〇円、妻一万円、子供計七〇〇〇円だったが、夫と妻の分をそれぞれ五〇〇〇円ずつ減額した。

CASE 7

年の差婚をしたものの夫の年収激減。老後はどうする?

【猪俣家(仮名)の相談時のプロフィール】

・夫(五一歳・会社員)、妻(三六歳・専業主婦)、長男(二歳)

・夫のボーナスは夏五二万円、冬五二万円

・貯蓄額は三八〇万円

目先はお金に余裕があるけれど……

近年増加中の「年の差婚」。いいことがたくさんある一方で、家計に大きな落とし穴も潜んでいるようだ。

猪俣家の毎月の収支

	Before		After	増減額	
夫の手取り月収	353,000		353,000	0	
妻の手取り月収	0	→	141,000	+141,000	①
世帯収入合計	353,000	→	494,000	+141,000	
住居費・駐車場代	70,000		120,000	+50,000	②
食費	78,000	→	70,000	-8,000	③
水道・光熱費	29,000	→	29,000	0	
通信費	15,000		15,000	0	
生命保険料	35,000	→	28,000	-7,000	④
自動車関連費	0		0	0	
生活日用品代	11,000		11,000	0	
医療費	8,000		8,000	0	
教育費	8,000	→	38,000	+30,000	⑤
交通費	7,000		7,000	0	
被服費	21,000	→	8,000	-13.000	⑥
交際費	12,000	→	6,000	-6,000	⑦
娯楽費	18,000	→	9,000	-9,000	⑧
小遣い	50,000		50,000	0	⑨
嗜好品代	7,000		7,000	0	
その他	15,000		15,000	0	
支出合計	**384,000**	→	**421,000**	**+37,000**	

固定費	50.4%	→	50.8%
流動費	58.4%	→	34.4%
貯金	-8.8%	→	14.8%

毎月の収支差額	-31,000	→	73,000	+104,000

※ 改善ポイントの①～⑨は本文の最後で解説しています。

たとえば夫のほうが年上だった場合、妻にとっては「自分と同年代の男性より収入が高い」と感じることも多いから、サイフのひもがつい緩みがちになる。

また、一般に老後資金の貯めどきといえば、五十代。子育てが終わり、必要なものも買いそろえられていて、給料もそこそこ上がっているからだ。

なのに年の差婚では、その時期に子供の教育資金がかかりかねず、ともすれば夫婦の老後資金まで手が回らない。

すぐ目の前には収入ダウンのリスクも

しかも、猪俣さんの場合、五五歳以降は収入が段階を踏んでダウンすることになってしまった。

のんきに構えていた妻も、子供が生まれたのを機に、さすがに将来が不安になった。「毎月三万円もの赤字があるのに、これから給料が減って、支出が増えたら、どうなるのかしら……」と。

妻の将来のためにも妻自身が働きに出る

ここは、大胆に家計にメスを入れるしかない。

最も大きな改革は、専業主婦だった妻が働きに出ることだった。税金や年金の関係から「〇〇〇万円の壁」と言われることがあるが、そんなことは気にせず稼げるだけ稼いだほうがいい。

入るものがなければ、支出のしようも貯蓄のしようもないのだから。そのほうが妻の将来の社会保障だってよくなる。

また、猪俣さんの妻は、働き始めた当初こそ被服費などが増えたが、その後は仕事が忙しくなり、被服費、交際費、娯楽費のいずれも減少した。

住宅ローンはすべて月収の範囲内で返す

さらに、もう一つ大きな改革を施した。夏と冬のボーナス時に三〇万円ずつ引かれていた住宅ローンを毎月五万円ずつ積み立てることにしたのだ。「ボーナスはまるまる貯蓄する」が、健全な家計の大原則である。

猪俣家では、子供の保育料がかかるようになったものの、毎月七万円以上の黒字となった。それに加えて、住宅ローンのボーナス払い分、つまり年額六〇万円も蓄えられるようになったのである。

猪俣家の家計改善のポイント

【①収入】妻が働きに出るようになった分、その収入がまるまるアップ。ただし、夫の収入は今後、段階的な減少が見込まれる。

【②住居費】住宅ローンのボーナス支払い分を毎月積み立てるようにした。

【③食費】妻が働きに出たことにより、外食や総菜利用など増えた部分もあるが、菓子類のムダを減らすとともに夫も自炊に協力。

【④生命保険料】古い保険を新たに掛け捨てに見直した。

【⑤教育費】子供の保育料分が増加。

【⑥被服費】【⑦交際費】【⑧娯楽費】妻が仕事で忙しくなったため減少。

【⑨小遣い】妻が働きに出ることに配慮し、妻の小遣い五〇〇〇円を新設。その分、夫の小遣いを削り、トータルの増減はなし。

おわりに

食費を制する者は、家計を制す。

「もっと給料が高ければ、お金の心配なんかせずすむのに」――。

たしかに、収入が少なければ日々の消費でお金が消えてしまい、貯蓄にまわすお金が残らないこともあるかもしれません。しかし年収が二〇〇〇万円あっても、ほとんど貯蓄できない家計があることも事実なのです。

では、お金を貯められる人と貯められない人は、一体何が違うのでしょうか。

私がお会いしてきた「お金を貯められる人」はみな、〝支出の基準〟において揺るがないものがあります。たとえば「これくらいの質で十分」「これくらいの量があればいい」「今必要なものはこれ」といった具合です。

ですから、たとえ手取り月収が五〇万円あったとしても、「うちは月二五万円あれば十分」と判断すればそれを実行し、残りは貯蓄にまわせるわけです。

そんな人たちは、もし手取り月収が大幅にダウンして三五万円になったとしても、慌てふためくことがありません。それまでと同じ暮らしをしても、まだ一〇万円もの余裕があるのですから。ただ、おそらく、そうした人たちがそのような状況に陥ったら、支出を二〇万円に近づけるよう工夫を始めるかもしれません。柔軟な支出コントロールができるからです。

では「お金を貯められる人」の仲間入りをするため、家計を改善するにはどうすればいいのでしょうか。

本書を読んでもし、「そういえば家計の把握ができていないな」と感じた人は、なにより家計状況の把握から始めてください。家計簿をつけるのが苦手で、これまで困っていた人は、本書で紹介している〝一週間サイフ〟を活用して、その準備段階となるレシートを集める方法を利用するといいでしょう。

また本書では、家計改善や家計コントロールの入り口として「食費」にスポットを当てました。食費は家計の良し悪しを測るバロメーターであり、食費の中身を見れば節約意識の持ち方がわかります。

食費が高い人は、家計全体が赤字になったとき、なかなか家計の改善ができなかったり、改善までに時間がかかったりしてしまうケースが多いものです。一方、家計全体が赤字でも食費に問題がない人は、少しだけお金の使い方を変えて努力するだけで、家計を見違えるように改善できます。

そうした特性を持つ食費だからこそ、うまく付き合ってコントロールしていただきたい――、それが本書でお伝えしたかった大きなテーマです。

もちろん、食費以外にも家計改善のためにできることはたくさんあります。重要なことは、そのたくさんの中から自分に合いそうなこととか、興味が持てることをまず、やってみること。その試行錯誤の中から、お金の使い方に関する自分ならではの価値観が醸成されていくはずです。

〝一週間サイフ〟は、「手抜きをしつつ、しっかり家計管理できる方法」の一つです。これで家計改善のスタートラインに立ったら、どんどん活用、応用して、ご自身が望む家計をつくってください。

最後に、今回の書籍企画を実現させてくださいましたプレジデント社の桂木栄一さん、編集・構成の小澤啓司さんに深く感謝を申し上げます。

二〇一六年一二月吉日

横山 光昭

profile

横　山　光　昭

よ こ や ま ・ み つ あ き

家計再生コンサルタント。

株式会社マイエフピー代表取締役社長。家計の借金・ローンを中心に、盲点を探りながら抜本的解決、確実な再生をめざす。

個別の相談・指導では独自の貯金プログラムを生かし、リバウンドのない再生と飛躍を実現し、これまで10,000人以上の赤字家計を再生した。

業界でも異端児的活動で、各種メディアへの執筆・講演も多数。

独自の貯金法などを紹介した『年収２００万円からの貯金生活宣言』（ディスカヴァー・トゥエンティワン）シリーズは累計95万部を超え、『はじめての人のための3000円投資生活』（アスコム）が27万部を超えるなど多数の著書は累計193万部となる。NHK、TBS、フジTVなどへの出演も多数で、雑誌、新聞、ラジオでも活動している。日本経済新聞社のWebサイトで連載を公開中。

全国の読者や依頼者から共感や応援の声が集まる、庶民派ファイナンシャル・プランナー。

【株式会社マイエフピー】

TEL 03-3376-8550（代表）

ホームページ　http://www.myfp.jp/

“一週間サイフ”で楽々お金が貯まる

2016年12月26日　第一刷発行

著　者　　横山光昭
発行者　　長坂嘉昭
発行所　　株式会社プレジデント社
〒 102-8641
東京都千代田区平河町2-16-1 平河町森タワー13階
http://president.jp　　http://str.president.co.jp/str/
電話　編集(03) 3237-3732
販売(03) 3237-3731
販　売　　高橋 徹　川井田美景　森田 巌　遠藤真知子　塩島廣貴
末吉秀樹
装　丁　　長 健司
撮　影　　谷本 夏
編　集　　桂木栄一　小澤啓司
制　作　　関 結香
印刷・製本　図書印刷株式会社

ISBN978-4-8334-2211-6
Printed in Japan